조혜숙의
한글로 배우는 중국어 1

한글로 배우는 중국어 1

2022년 9월 5일 초판 1쇄 발행

발행처	(주)똑똑한형제들
지은이	조혜숙
출판등록	제2022-000194호
주소	서울시 강남구 논현로2길 60, 2F
대표전화	02-334-0091
팩스	02-334-0092
정가	값 15,000원
ISBN	979-11-979521-2-8
	979-11-979521-1-1(세트)

ⓒ ddokddok brothers, 2022

이 책은 저작권법에 따라 보호를 받는 저작물이므로 무단복제와 무단전재는 법으로 금지되어 있습니다.
이 책 내용의 전부 또는 일부를 이용하려면 반드시 저작권자와 (주)똑똑한형제들의 서면동의를 받아야 합니다.

잘못된 책은 구입하신 곳에서 교환해 드립니다.

한글만 알면 누구나
쉽게 중국어를 마스터하는 신비한 비법!

조혜숙의
한글로 배우는 중국어 1

BBOK®
brothers

머리말

한국인이 배우기에 가장 쉬운 외국어는 중국어!

지금까지 중국어를 떠올리면 한자랑 성조가 너무 어려워서 못 배우겠다는 선입견이 많았는데, 사실은 알고 보면 한국인이 배우기에 가장 쉬운 외국어는 중국어입니다. 영어를 배우는데 들였던 노력의 반의 반의 반만 들여도 아주 유창한 중국어를 할 수 있게 되는데, 단 전제는 중국어의 특징을 제대로 파악한, 제대로 된 학습법으로 공부해야 한다는 것입니다.

저는 지난 20여년 간 한국인이 중국어를 빠르고, 쉽고, 재미있게 배울 수 있는 학습법을 연구해 왔으며, 그 결과 '그래 성조 학습법(특허번호 제10-1342953호)'과 '말하기 학습법(특허번호 제10-1844982호)'으로 2개의 특허를 획득하였고, 아이가 태어나 처음 언어를 배우는 원리를 차용한 '소리학습법'을 개발했습니다. 그리고 이 책은 중국어를 가장 쉽게 배울 수 있는 이 3개의 학습법이 모두 적용되었습니다.

 노래를 부르면서 쉽게 마스터한다! 그래 성조 학습법

중국어의 가장 큰 특징은 '성조가 있다'는 것입니다. 성조는 중국어가 낯설고 어렵게 느껴지게 하는 가장 큰 원인이라서 저는 '그래 성조 학습법', 일명 '그래송'을 발명했습니다. 중국어에는 1성부터 4성, 그리고 경성이라는 성조가 있는데, '그래송'은 '1성+1성'부터 '4성+경성'까지 20개의 성조 조합을 노래하듯이 연습하도록 했습니다. 20개의 성조 조합인 '그래송'을 자유자재로 부를 수 있게 되면 중국어 문장을 중국 사람처럼 아주 잘 읽게 됩니다. '그래송'은 2013년 특허를 획득한 이래 이미 수많은 학습자들을 통해 검증된, 단언컨대 중국어 성조를 가장 쉽게 배울 수 있는 학습법입니다.

특허2 모국어를 배우는 방법으로 중국어를 배운다! 소리학습법

중국어의 두 번째 특징은 문자가 한자라는 것입니다. 그런데 우리말의 60% 이상이 한자어이기 때문에, 한국인은 중국어를 전혀 배운 적이 없어도 이미 많은 중국어 어휘들을 알고 있습니다. 따라서 중국어를 배울 때 다른 나라 사람들은 아주 어려워할 단어를 우리는 성조의 느낌만 살려서 몇 번 읽게 되면 쉽게 그 말을 익힐 수 있게 됩니다. 이 책에서는 먼저 반복 읽기를 통해서 중국어 발음과 성조에 충분히 익숙해진 다음, 그 익숙해진 음이 어떤 문자(한자)인지를 알게 하는 '소리 학습법'을 채택하고 있습니다. '소리 학습법'으로 학습하면 특히 한국인은 아주 쉽게 중국어를 배울 수 있고 한자도 떠올리고 쓸 수 있게 됩니다.

특허3 패턴으로 익히면 어법 끝! 말하기 학습법

중국어는 '은/는/이/가/을/를'과 같은 조사가 없고, 동사 변화도 없다는 특징이 있습니다. 따라서 중국어는 그저 아는 단어를 알맞은 자리에 배치해 주면 바로 회화가 되기 때문에, '패턴'으로 학습하기에 최적의 언어입니다.

이 책은 '패턴'을 통한 반복 읽기만으로 어법을 마스터하는 '말하기 학습법'을 채택하고 있습니다. 단어의 기본자리 배치를 패턴으로 구성하여 일상생활에서 가장 많이 쓰이는 회화 문장과 함께 익히게 함으로써 아는 단어를 갈아 끼우기만 하면 즉시 바른 어법으로 말할 수 있는 중국어 실력을 키울 수 있게 하였습니다.

부디 이 책으로 중국어를 배우시려는 모든 분들이 쉽고 재미있게 중국어 회화를 구사하실 수 있기를 바랍니다.

수강생들의 추천사

★★ 중국어만 28년 넘게 연구한 조혜숙 선생님이 이번에는 〈한글로 배우는 중국어〉 교재를 만들었다고 하니 정말이지 기대가 되고 반갑습니다. 저도 동생인 조혜숙 선생님께 중국어를 배웠는데요, 제가 처음 중국어를 배울 때는 '그래 성조 학습법'도 없었고, '말하기 학습법', '소리학습법', '한글중국어' 아무것도 없었지만 동생이 잘 가르친다고 생각했는데 여러분들은 훨씬 더 발전된 학습법으로 배우시니 좋으시겠어요. ㅎㅎㅎ

제 동생이라서 이렇게 말하는 것이 아니고 중국어는 정말이지 조혜숙 선생님만큼 재밌고 쉽게 가르치는 분은 아직 못 봤습니다. 학생들이 보다 쉽고 재미있게 중국어를 배울 수 있도록 끊임없이 노력하는 조혜숙 선생님 참 믿음직합니다. 중국어는 배우고 싶은데 엄두가 안 나서 시작도 못하고 있다면 지금 바로 〈한글로 배우는 중국어〉로 시작해보세요. 재미로 시작해서 나중엔 엄청난 실력가가 될 것이라고 확신합니다.

조혜련(방송인)

★★ 유쾌! 상쾌! 통쾌! 광고에서 들어본 단어이지 않은가~

그런데 여기에 그런 단어가 저절로 떠오르는 이가 있다. 조혜숙 선생님이 그런 분이다. 우연한 기회에 Edutv 방송에서 조혜숙 선생님을 만났다. 초보 중에 왕초보! 성조가 뭔지, 병음이 뭔지 하나도 모르고 한자는 더더욱 자신 없는데 한글만 알면 된다고 하니 나도 한 번 도전해볼까 하는 생각이 들었다.

먼저 그래송으로 성조를 익히고, 부담 없이 한글로 발음을 충분히 익히게 한 다음, 병음을 공부하고, 그런 다음 한자를 단계적으로 공부하니 이제는 한자도 제법 모양새를 갖춰 써진다. 이런 공부 과정이 어렵지 않고 재미있게 느껴지니 참 신기할 노릇이다. 설명을 쉽고 유머 있게 하시니 귀에 쏙쏙 들어오고 그 어렵던 한자가 재미있어 감탄이 절로 난다. 그만큼 탄탄하게 가르쳐 주신다. 나중에 알았지만 후배 코미디언 조혜련의 동생이시란다. 어쩐지~ 유모어가 남다르시더라니 ~~~ 최고의 선생님을 만난 나는 정말 행운이고 복이 많은 사람이다. 중국드라마를 볼 때 자막 없이 보는게 꿈이다. 그때까지 我要努力学习！(저 열심히 공부할 거예요!)

변아영(방송인)

★★ 〈한글로 배우는 중국어〉 복잡하고 어렵다고 생각하는 이 중국어를 또 얼마나 재밌고 쉽게 풀어내셨을까! 벌써부터 기대가 됩니다. 중국어를 배우고 싶다는 마음은 항상 있었지만 바쁘게만 살다 보니 이제 정말 더 늦으면 안 되겠다! 지금이다! 생각해서 중국어를 배우려 선생님을 찾던 중 유창하게 중국어를 하시는 방송인 조혜련 선배님께서 소개해 주셔서 인연이 된 혜숙샘! 혜숙샘과의 수업시간은 늘 즐겁고 좋은 에너지를 받습니다. 단순히 수업으로 그치지 않고 중국어를 사랑할 수 있게끔 만들어 주시는 대단한 능력! 한자가 너무 어렵고 복잡해 회화만 하려고 했던 제가 이제는 한 자 한 자 뜻을 알고 익히며 이해하는 방식으로 공부를 하다 보니, 다음번에 같은 부수가 나오면 어떤 뜻인지 유추가 가능하더라구요. 한자를 자세히 보면 뜻과 발음이 있고, 중국어를 이해하기가 훨씬 쉬워진다는 사실을 가르쳐 주신 혜숙 샘!

칭찬도 아낌없으시고, 잘 맞춰 주셔서 편안하게 중국어를 대할 수 있게 해주셔서 참 감사합니다. 한글로 배우는 중국어 출간 너무 축하 드리고, 혜숙샘 앞으로도 잘 부탁드려요! 덕분에 중국어가 너무 재미있습니다!♡

윤정인(별사랑,가수)

★★ 화장품 비즈니스를 하면서 세계에서 가장 큰 단일시장인 중국은 결코 제외시킬 수 없는 나라라고 생각했습니다. 어떻게 하면 지치지 않고, 그리고 좀 더 재미있게 중국어를 공부할 수 있을까? 이 질문의 해답이 조혜숙 선생님과의 수업이었습니다.

지인의 소개로 초급부터 차근차근 공부를 진행하면서, 머리속으로 '이런 문장은 중국어로 어떻게 표현할까?', '이런 표현은 어떻게 쓰면 좋을까?' 이제는 점점 자신이 붙는 자신을 발견하고 뿌듯함을 느끼게 되었습니다.

이번에 〈한글로 배우는 중국어〉 교재를 출간하신다고 하니, 중국어를 하나의 커다란 벽으로 생각하는 많은 분들에게 지름길로 인도하는 좋은 교재가 될 것이라는 생각이 듭니다.

감히, 전적으로 조혜숙 선생님을 믿고 꾸준히 공부한다면 나 자신도 평소에 부러워하던 사람처럼 중국어를 훨씬 편하게 구사하는 시기가 올 거라고 확신합니다.

김대욱(기업인)

★★ 중국 관련 업무로 인해 중국 출장의 기회가 많았지만 중국어를 배운다는 것은 엄두가 나지 않았습니다. 듣기만 해도 어려운 성조, 보기만 해도 머리 아픈 한자가 배우고 싶은 열망보다는 도망가고 싶은 마음만 키웠으니까요.

그러다 우연한 기회로 조혜숙 선생님을 만나게 되고 지금 수업을 받게 되었죠. 그런데 제가 성조에 맞춰 발음을 하고 병음을 읽고 한자를 읽을 수 있게 되었습니다. 너무 쉽고 재미있게 가르쳐 주시는 것은 물론, 더 중요한 것은 실제로 사용하는 문장을 패턴 중심으로 알려주시는 덕분에 활용성이 높다 보니 이해도 빠르고 습득도 잘 되더라고요. 저희 아이가 고등학교에서 제 2외국어로 중국어 선택을 했는데 제가 아이보다 훨씬 더 잘하게 되었어요.^^

이렇게 좋은 교육 방법을 〈한글로 배우는 중국어〉를 통해 더 많은 사람들에게도 전파가 될 수 있다니 너무 축하 드립니다. 저는 교재가 없어서 프린트로 공부하는데 여러분들은 좋으시겠어요!^^

하희란(직장인)

★★ 일단 저의 중국어에 대한 처음 느낌을 말하자면 너무 어렵다는 생각이 들었습니다. 하지만 엄마가 조혜숙 선생님을 강력하게 추천해 주며 배우라고 했을 때, 전세계 인구 중에서 중국인이 제일 많고 앞으로 전망이 있을 것 같아서 그냥 배워야겠다는 생각을 하고 시작하게 되었습니다. 선생님과 중국어를 처음 공부했을 때는 뭐가 뭔지 진짜 하나도 몰랐습니다. 하지만 선생님께서 끊임없이 친절하게 칭찬해 주셔서 자신감이 생겼고 그래서 집중할 수 있었고 그 결과 지금은 그 복잡했던 중국어가 조금씩 보이기 시작하더니 지금은 한자만 보고도 잘 읽을 수 있습니다. 제가 이렇게 지속할 수 있었던 가장 큰 원인은 무엇보다도 선생님이 재미있게 수업을 해 주셔서 그런 것 같습니다. 당신이 이 책을 보고 있을 땐 제가 중국어를 다 마스터를 했을지도 모르겠습니다! 하하하!

정영우(방배초6)

★★ 중국 거래처와의 비지니스를 10년째 하면서도 너무 어려울 거라는 생각에 시작도 못하고 있었는데 중국어를 수준급으로 구사하는 절친으로부터 추천을 받아 조혜숙 선생님과 수업을 한 지 벌써 1년 넘었습니다. 이렇게 1년을 넘게 중단하지 않고 계속 중국어 공부를 이어올 수 있었던 것은, 먼저 조혜숙 선생님의 재미있고 활기찬 에너지와 새롭고 쉬운 강의 방법 덕분이라고 생각됩니다. 기초중국어 두 권을 배우고 지금은 〈자전거방 이야기〉라는 책으로 공부하고 있는데, 소리를 먼저 듣고 아는 단어로 상황을 이해하고 추측하게 하는 새로운 학습방법으로, 내용을 집중할 수 있게 하고 빨리 외워지며 재미가 있습니다.

이번에 선생님께서 〈한글로 배우는 중국어〉 교재를 출판하신다고 하니 축하 드리고 많은 기대가 됩니다. 재미와 학습 효과가 아주 뛰어난 책임에 틀림없을 겁니다. 재미있고 쉽게 그리고 꾸준히 중국어를 공부하고 싶다면 저는 조혜숙 선생님의 이 책을 강력히 추천해드립니다.

권기현(기업인)

★★ 제가 독학으로 중국어를 배워보려고 했는데 어떻게 해야 할지 몰라 어려웠는데 아빠 소개로 조혜숙 선생님과 1:1 화상수업을 하게 되었습니다. 일주일에 한 번은 조혜숙 선생님과 수업을 하고 한 번은 원어민 선생님과 회화 수업을 하는데, 조혜숙 선생님과 공부하면 중국어가 너무 빨리 이해가 되고 쉽고 재미있고 또 원어민선생님이 제 말을 알아듣고 발음이 좋다고 칭찬해 주시니 너무 신납니다. 다른 친구들한테 소개해주고 싶을 정도로 정말 신나고 재미있어요!

앞으로 중국어 잘해서 중국에 꼭 놀러갈 거예요. 조혜숙 선생님과 함께 중국어 공부해서 너무 행복합니다.

배시온(공연초6)

이 책의 학습법

이 책은 한글만 알면 누구나 쉽고 재미있게 중국어를 공부하는 **신기한 중국어 책입니다!**

중국어를 먼저 한글로 배워서 너무 쉬워요!
성조, 병음, 문법, 한자(한배중 1+2+3=1,000개) **마스터!**

이 책을 가장 효과적으로 사용하는 방법은 동영상과 함께 학습하는 것입니다!
* 동영상은 chailink.net에서 보실 수 있습니다

사범 조혜숙 쌤만의 특허 받은 4단계 말하기 학습법으로 중국어를 쉽고 재미있게 배워요!

1단계 어려운 성조, 발음을 한글로 여러 번 읽어 입에 붙여요.

2단계 한글로 조금 친숙해진 패턴 표현을 병음을 익히면서 여러 번 읽어 입에 익혀요.

3단계 익숙해진 패턴 표현을 한자를 보고 읽고 낯선 한자는 조혜숙 사범을 따라 두 번 써요.

4단계 배운 단어와 5문장을 신나는 박자에 맞춰 복습해요!

* 말할 때마다 조혜숙 사범을 따라 손동작으로 성조를 표시해요. 성조를 외우지 않아도 저절로 알게 되거든요. 운동도 돼서 다이어트 효과가 있습니다!

그래송 ♫♪

먼저 그래송으로 성조를 즐겁게 연습하고,
같은 내용을 3단계로 나눠서 공부하니 쉽게 느껴지겠죠?

| 한글중국어 | → | 병음중국어 | → | 한자중국어 |

한글로 반복해서 읽고   병음(알파벳)으로도 소리를 친숙하게 익혀요.   눈에 익히고 반복해서 한자로 써요.

■ 한글중국어

한글로 중국어 발음을 쉽게 표기해요! 중국어 문자는 뜻을 표기하는 표의문자인 한자입니다. 그래서 중국어는 발음을 알파벳에 성조를 같이 넣어서 표기하는데 이를 한어병음이라고 합니다.

그런데 한어병음 읽기와 영어 읽기가 30% 정도 다르기도 하고, 만약 한글로 중국어를 표현할 수 있다면 우리나라 사람들은 참 쉽게 중국어를 배울 수 있을 것입니다. 그래서 한글중국어를 생각하게 되었습니다. 한글을 아는 사람이라면 누구나 어느 연령을 막론하고 모두 다 쉽게 학습할 수 있습니다.

그런데 중국어 발음에는 한글로 표현이 잘 안되고 구분해서 표기해야 할 발음 9개가 있는데, 아래와 같이 표기하기로 약속하고 주의해서 읽는다면 한글로도 중국어를 모두 표현할 수 있습니다.

한글로 표현이 안 되고 구분해야 할 중국어 발음 한글 표기					
권설음		zhi	chi	shi	ri
혀를 동그랗게 한 모양을 본 따서 ㅇ을 ㅈ, ㅊ, ㅅ 앞에 넣어 표기 권설음 ri 는 'ㄹ' 소리가 강하니까 'ㄹ'을 두 번 써서		ㅇㅉ	ㅇㅊ	ㅇㅆ	ㄹㄹ
설치음		zi	ci	si	
권설음 ㅇㅉ, ㅇㅊ, ㅇㅆ, ㄹㄹ로 구분했으니까 설치음은 그대로 ㅉ, ㅊ, ㅆ		ㅉ	ㅊ	ㅆ	
'ㅍ'으로만 표현되는 발음		p		f	
영어에서 p와 f를 구분해서 발음하는 것과 마찬가지로 발음하세요		ㅍ		ㅇㅍ 입 모양이 동그랗게 되니까 'ㅍ' 앞에 'ㅇ'을 넣어 표기	

* 권설음은 영어의 r을 발음하듯 혀끝을 입천장에 댔다가 공기를 내보내면서 'zhi ㅉ, chi ㅊ, shi ㅅ, ri ㄹ' 소리를 냅니다.
* 설치음을 발음할 때 혀의 위치는 안타까운 상황을 보고 '쯧쯧쯧' 혀를 찰 때의 위치로 'zi ㅉ, ci ㅊ, si ㅆ'하고 발음합니다.

■ 병음중국어

한글로 익숙해진 중국어 발음을 한어병음으로도 표기해요!

Nǐ hǎo!
안녕하세요!

● 한글로도 중국어 발음을 표기할 수 있는데 굳이 알파벳을 사용한 한어병음을 알아야 하나요?

우리가 한글을 배우듯이 중국 사람들도 어렸을 때 한자의 발음 기호인 병음(알파벳에 성조를 더함)을 배워요. 또 컴퓨터나 핸드폰에서 한자를 칠 때 주로 사용하는 것이 한어병음이기 때문에 반드시 알아야합니다.

● 병음읽기와 영어 파닉스 읽기는 완전히 다른가요?
70%는 같고 30%는 달라요. 예를 들어, 'e'를 '으어'라고 발음하고, 권설음인 zhi, chi, shi, ri를 한글중국어로 표현이 안 되서 쯔, 츠, 스, 르라고 표기한 것과 같이 영어와는 달라서 따로 학습을 해야 하지만, 이 책에서는 한글 중국어를 먼저 배우고 병음 중국어를 공부하기 때문에 별도로 학습하지 않아도 저절로 알게 됩니다.

■ 한자중국어

한어병음으로 익숙해진 중국어를 한자로 써보아요!

你好!
안녕하세요

● 우리나라말처럼 발음만 쓸 줄 알고 말만 잘하면 되지 그 어려운 한자를 꼭 쓸 줄 알아야하나요?
중국어는 우리나라말과는 다르게 문자가 한자예요. 어떻게 발음하는지를 한글이나 병음으로 쓸 줄 아는데 한자를 쓸 줄 모르는 것은 우리가 말은 할 줄 아는데 한글을 못 쓰는 것과 같아요. 그러니 처음에는 익숙하지 않아 복잡하고 어렵게 느껴지겠지만 그림 그린다고 생각하고 재미있게 한 글자 한 글자 쓰다 보면 어느새 한자와 친해지게 될 거예요. 그리고 우리나라 말에 원래 한자인 경우가 60%이상이기 때문에 한자를 공부하면 한국어 어휘도 풍부해진답니다.

- 목 차 -

머리말   4
수강생들의 추천사   6
이 책의 학습법   10

Chapter 1 그래 성조 학습법

01   그래송   18

Chapter 2 기초 동사 패턴

02   나는 너를 사랑해   ~를 사랑해 | 爱   24
03   안녕! / 안녕하세요!   ~안녕하세요 | 好   26
04   잘 가! / 또 만나!   ~만나다 | 见   28
05   나는 1을 좋아해요.   ~를 좋아하다 | 喜欢   30
06   저는 토요일에 일해요.   ~일하다 | 工作   32
07   나는 12시에 자요.   ~자다 | 睡觉   34
08   나는 7시에 일어난다.   ~일어나다 | 起床   36
09   나는 중국어를 배워요.   ~를 배우다 | 学   38
10   이 사람은 제 오빠입니다.   ~이다 | 是   40
11   저것은 제 책이 아닙니다.   ~이 아니다 | 不是   42
12   돈 있어요?   ~이 있다 | 有   44
13   저 시간 없어요.   ~이 없다 | 没有   46

14	우리 밥 먹자!	~를 먹다 | 吃	48
15	나는 김치 안 먹어요.	~를 안 먹다 | 不吃	50
16	아이가 물을 마셔요.	~를 마시다 | 喝	52
17	뭘 드릴까요?	~를 원하다 | 要	54
18	아빠 어디 가세요?	~에 가다 | 去	56
19	엄마는 마트에 안 가요.	~에 안 가다 | 不去	58
20	친구가 한국에 와요.	~에 오다 | 来	60
21	언니/누나 집에 있어요.	~에 있다 | 在	62
22	남동생이 영화를 봐요.	~를 보다 | 看	64
23	여동생이 노래를 들어요.	~를 듣다 | 听	66
24	나는 말을 안 해요.	~을 말하다 | 说	68
25	나는 이름을 써요.	~를 쓰다 | 写	70
26	그는 요리를 해요.	~를 하다 | 做	72
27	메뉴판 주세요.	~에게 ~를 주다 | 给	74
28	아줌마가 물건을 사요.	~를 사다 | 买	76
29	아저씨가 꽃을 팔아요.	~를 팔다 | 卖	78
30	우리 비행기 타자!	~를 타다 | 坐	80
31	우리 야구 하자!	~를 치다/하다 | 打	82
32	그녀는 옷을 입었어요.	~를 입다 | 穿	84
33	그는 겉옷을 벗었어요.	~를 벗다 | 脱	86
34	저 우산 안 가져왔어요.	~를 가지다/지니다 | 带	88
35	저 문자 안 보냈어요.	~를 보내다 | 发	90
36	너 손 씻어!	~를 씻다 | 洗	92
37	저 이어폰 안 가져왔어요.	~를 가지다/들다 | 拿	94
38	나는 안경을 낀다.	~를 쓰다/끼다/차다 | 戴	96

Chapter 3 기초 형용사 패턴

39	태양이 커요.	크다 ǀ 大	100
40	벌레가 작아요.	작다 ǀ 小	102
41	사람이 아주 많아요.	많다 ǀ 多	104
42	돼지가 적지 않아요.	적다 ǀ 少	106
43	저 허리가 아파요.	아프다 ǀ 疼	108
44	피자 맛있어요.	맛있다 ǀ 好吃	110
45	저 목이 길지 않아요.	길다 ǀ 长	112
46	눈썹이 짧지 않아요.	짧다 ǀ 短	114
47	공항이 아주 멀어요.	멀다 ǀ 远	116
48	유치원이 별로 가깝지 않아요.	가깝다 ǀ 近	118
49	유리가 아주 깨끗해요.	깨끗하다 ǀ 干净	120
50	화장실 더럽지 않아요.	더럽다 ǀ 脏	122
51	물가가 비싸요.	비싸다 ǀ 贵	124
52	감자가 안 싸요.	싸다 ǀ 便宜	126
53	체중이 아주 무거워요.	무겁다 ǀ 重	128
54	노트북이 별로 가볍지 않아요.	가볍다 ǀ 轻	130
55	인기가 높아요.	높다 ǀ 高	132
56	상자가 별로 넓지 않아요.	넓다 ǀ 宽	134
57	바다가 비교적 깊어요.	깊다 ǀ 深	136
58	맛이 비교적 달아요.	맛이~하다 ǀ 味道~	138
59	의사가 조금 바빠요.	바쁘다 ǀ 忙	140
60	배우가 좀 잘 생겼어요.	잘 생기다 ǀ 帅	142

부록 衣의食식住주 필수단어 모음　　　　　　　　145

Chapter 1

그래 성조 학습법

01 그래 성조 학습법

중국어의 발음구조

좋다

hǎo

한어병음은 '성모'와 '운모', 그리고 '성조'로 이루어져 있습니다

성조 음의 높낮이

hǎo

우리말의 '자음'에 해당 성모   운모 우리말의 '모음'에 해당

중국어의 성조

'성조(聖調)'란 소리의 높낮이를 말합니다. 중국어에서는 1성, 2성, 3성, 4성 그리고 경성이 있습니다. 같은 발음이라도 성조가 달라지면 완전히 다른 뜻이 되니 중국어를 익힐 때는 항상 성조에 주의해 주세요.

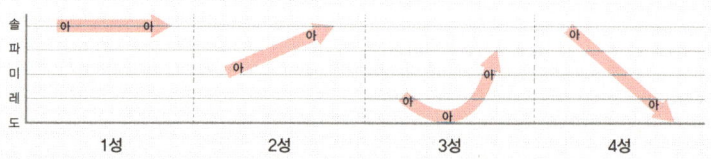

예)

사랑해 　　　　아줌마

1. 기본성조

āa	1성	처음부터 끝까지 길고 높게 소리 낸다. 치과에서 '아~ 하세요' 할 때의 느낌이다.
á	2성	중간 음에서 높은 음으로 짧고 빠르게 올린다. 황당한 얘기를 듣고 놀라서 '네에?' 하고 되묻는 느낌이다.
ǎ	3성	낮게 시작하여 바닥까지 쑥 내려갔다가 올라오는 음이다. 처음 익힐 때는 고개를 끄덕이며 발음하면 자연스럽게 발음된다.
à	4성	뚝 떨어지는 음으로, 높은 음에서 가장 낮은 음으로 단숨에 내린다. 발을 밟혔거나 딱밤을 맞았을 때 '아!' 하는 느낌이다.

2. 경성

'경성'의 경(輕)은 '가벼울 경'으로, '경성'이란 원래의 성조가 사라지고 가볍게 살짝 발음되는 소리입니다. 경성은 병음 위에 아무런 성조 표시가 없으며, 앞의 성조에 따라 높이가 달라집니다.

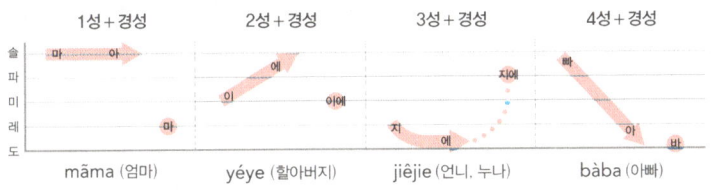

아	경성	가볍게 살짝! 힘빼고 '아'

01 그래 성조 학습법 2음절 성조 훈련

- 먼저 '그래송 강의'를 본 후 하루에 두 번씩, 총 20일 동안 mp3를 따라 읽는 연습을 합니다.
- mp3를 한 번 따라 읽은 후, 핸드폰 녹음 기능을 활용해서 자신의 목소리를 녹음하고 듣습니다.
- 반드시 자신의 목소리를 녹음해서 듣고 확인하는 과정을 거쳐야 올바른 성조를 익힐 수 있습니다.

'그래 성조 학습법'(일명 그래송)은 '1성+1성'에서 '4성+경성'까지 결합한 20개의 중국어 2음절 성조를

그래송

	1성+1성	1성+2성	1성+3성
1성	그 래	그 래	그 래
	2성+1성	2성+2성	2성+3성
2성	그 래	그 래	그 래
	3성+1성	3성+2성	3성+3성
3성	그 래	그 래	그 래
	4성+1성	4성+2성	4성+3성
4성	그 래	그 래	그 래

'그래'라는 두 글자를 통해 연습하는 것입니다. '그래송'은 '그래'라는 한국어를 통해 성조 연습을 함으로써 중국어 한자나 병음에 신경 쓰지 않고 온전히 성조의 변화에만 집중할 수 있어 굉장히 효과적입니다. 또한 상대방의 말을 긍정해 주는 '그래'라는 말을 자주 말함으로써 삶의 긍정 에너지도 불러 모을 수 있어 일석이조의 효과가 있습니다.

1성+4성	1성+경성	1성+경성의 예
그래	그래	māma 妈妈
2성+4성	**2성+경성**	**2성+경성의 예**
그래	그래	yéye 爷爷
3성+4성	**3성+경성**	**3성+경성의 예**
그래	그래	jiějie 姐姐
4성+4성	**4성+경성**	**1성+경성의 예**
그래	그래	bàba 爸爸

Chapter 1 | 그래 성조 학습법

Chapter 2

기초 동사 패턴

02

나는 너를 사랑해
我爱你。

爱 | 사랑하다

한글중국어	병음중국어
ˇ ˋ ˇ 워 **아이** 니.	Wǒ **ài** nǐ.
ˇ ˋ ˉ 워 **아이** 마마.	Wǒ **ài** māma.
ˇ ˋ ˋ 워 **아이** 빠바.	Wǒ **ài** bàba.
ˇ ˋ ˇ 워 **아이** 나이나이.	Wǒ **ài** nǎinai.
ˇ ˋ ˊ 워 **아이** 예예.	Wǒ **ài** yéye.

단어

爱 ài 사랑하다 / 我 wǒ 나, 저 / 你 nǐ 너 / 妈妈 māma 엄마

'爱 ài'는 '사랑하다'라는 뜻으로, '애정(愛情)',
'애인(愛人)'이라고 할 때 '사랑 애(愛)'자의 간체자입니다.

한자중국어	중국어로 말하기
我爱你。	나는 너를 사랑해.
我爱妈妈。	저는 엄마를 사랑해요.
我爱爸爸。	저는 아빠를 사랑해요.
我爱奶奶。	저는 할머니를 사랑해요.
我爱爷爷。	저는 할아버지를 사랑해요.

단어
爸爸 bàma 아빠 / 奶奶 nǎinai 할머니 / 爷爷 yéye 할아버지

03 你好!

안녕! / 안녕하세요!

好 | 안녕하다

한글 중국어	병음 중국어
니ˇ 하오ˇ!	Nǐ hǎo!
니먼ˇ 하오ˇ!	Nǐmen hǎo!
따ˋ지아ˉ 하오ˇ!	Dàjiā hǎo!
라오ˇ쓰ˉ 하오ˇ!	Lǎoshī hǎo!
펑´요우먼ˇ 하오ˇ!	Péngyoumen hǎo!

단어

好 hǎo 안녕하다 / 们 men ~들 * 사람을 지칭하는 명사나 대명사 뒤에서 복수를 나타냄

'好 hǎo'는 '좋을 호'자로 '좋다'라는 뜻도 있고,
'누구+好'는 '누구 안녕하세요'라는 말입니다.

한자중국어	중국어로 말하기
你好！	안녕! / 안녕하세요!
你们好！	여러분, 안녕하세요!
大家好！	여러분, 안녕하세요!
老师好！	선생님, 안녕하세요!
朋友们好！	친구들 안녕!

단어
你们 nǐmen 너희들 / 大家 dàjiā 여러분 / 老师 lǎoshī 선생님 / 朋友(们) péngyou(men) 친구(들)

04 잘 가!/또 만나!
再见!

见 | 만나다

한글중국어	병음중국어
짜이 찌앤!	Zàijiàn!
찐티앤 지앤!	Jīntiān jiàn!
밍티앤 찌앤!	Míngtiān jiàn!
자오썅 찌앤!	Zǎoshang jiàn!
완썅 찌앤!	Wǎnshang jiàn!

단어
见 jiàn 만나다 / 再 zài 다시, 또 / 今天 jīntiān 오늘 / 明天 míngtiān 내일

'见 jiàn'은 '만나다'라는 뜻으로 '견해(見解)',
'견문록(見聞錄)'이라고 할 때 '볼 견(見)'자의 간체자입니다.

한자중국어	중국어로 말하기
再见!	잘 가!/또 만나!
今天见!	오늘 만나요!
明天见!	내일 만나요!
早上见!	아침에 만나요!
晚上见!	저녁에 만나요!

단어
早上 zǎoshang 아침 / 晚上 wǎnshang 저녁

05

나는 1을 좋아해요.
我喜欢一。

喜欢 | 좋아하다

한글 중국어	병음 중국어
ˇ ˇ ˉ 워 시환 이.	Wǒ xǐhuan yī.
ˇ ˇ ˋ 워 시환 얼.	Wǒ xǐhuan èr.
ˇ ˇ ˋ 워 시환 쓰.	Wǒ xǐhuan sì.
ˇ ˇ ˊ 워 시환 쓰.	Wǒ xǐhuan shí.
ˇ ˇ ˋ ˇ 워 시환 이 바이.	Wǒ xǐhuan yì bǎi.

단어

喜欢 xǐhuan 좋아하다

'喜欢 xǐhuan'은 '좋아하다'라는 뜻으로, '喜 xǐ'는 '기쁠 희(喜)', '欢 huān'은 '기쁠 환(歡)' 자의 간체자입니다.

한 자 중 국 어	중 국 어 로 말 하 기
我喜欢一。	나는 1을 좋아해요.
我喜欢二。	나는 2를 좋아해요.
我喜欢四。	나는 4를 좋아해요.
我喜欢十。	나는 10을 좋아해요.
我喜欢一百。	나는 100을 좋아해요.

단어

一 yī 1 / 二 èr 2 / 四 sì 4 / 十 shí 10 / 一百 yì bǎi 100

06

저는 토요일에 일해요.
我星期六工作。

工作 | 일하다

| 한 글 중 국 어 | 병 음 중 국 어 |

워 씽치리우 꿍쭈오.   Wǒ xīngqīliù gōngzuò.

워 씽치이 꿍쭈오.   Wǒ xīngqīyī gōngzuò.

워 씽치싼 꿍쭈오.   Wǒ xīngqīsān gōngzuò.

워 씽치우 꿍쭈오.   Wǒ xīngqīwǔ gōngzuò.

워 씽치티앤 꿍쭈오.   Wǒ xīngqītiān gōngzuò.

단어
工作 gōngzuò 일하다 / 星期六 xīngqīliù 토요일 / 星期一 xīngqīyī 월요일

 '工作 gōngzuò'는 동사로 '일하다', 명사로는 '직업'이라는 뜻으로 씁니다.

한자중국어	중국어로 말하기
我星期六工作。	저는 토요일에 일해요.
我星期一工作。	저는 월요일에 일해요.
我星期三工作。	저는 수요일에 일해요.
我星期五工作。	저는 금요일에 일해요.
我星期天工作。	저는 일요일에 일해요.

단어
星期三 xīngqīsān 수요일 / 星期五 xīngqīwǔ 금요일 / 星期天 xīngqītiān 일요일

07

나는 12시에 자요.
我12点睡觉。

睡觉 | 자다

한 글 중 국 어	병 음 중 국 어

워 쓰얼 디앤 쓔이찌아오.   Wǒ shí'èr diǎn shuìjiào.

워 쓰 디앤 쓔이찌아오.   Wǒ shí diǎn shuìjiào.

워 쓰이 디앤 쓔이찌아오.   Wǒ shíyī diǎn shuìjiào.

워 이 디앤 쓔이찌아오.   Wǒ yī diǎn shuìjiào.

워 리앙 디앤 쓔이찌아오.   Wǒ liǎng diǎn shuìjiào.

단어

睡觉 shuìjiào 잠자다 / 点 diǎn 시 / 10点 shí diǎn 10시

'睡觉 shuìjiào'는 '잠을 자다'라는 뜻으로, '睡 shuì'는 '자다', '觉 jiào'는 '잠', 동사와 목적어가 합쳐져 만들어졌는데 이러한 동사를 '이합동사'라고 합니다.

한자중국어	중국어로 말하기
我12点睡觉。	나는 12시에 자요.
我10点睡觉。	나는 10시에 자요.
我11点睡觉。	나는 11시에 자요.
我1点睡觉。	나는 1시에 자요.
我两点睡觉。	나는 2시에 자요.

단어
11点 shíyī diǎn 11시 / 1点 yī diǎn 1시 / 两点 liǎng diǎn 2시

08

나는 7시 반에 일어난다.
我7点半起床。

起床 | 일어나다

한글중국어	병음중국어
ˇ ー ˇ ˋ ˇ ˊ 워 치 디앤 빤 **치쮸앙**.	Wǒ qī diǎn bàn **qǐchuáng**.
ˇ ˋ ˇ ˊ ˇ ー ˇ ˊ 워 리우 디앤 쓰우 쁜 **치쮸앙**.	Wǒ liù diǎn shíwǔ fēn **qǐchuáng**.
ˇ ー ˇ ˊ ˋ ˇ ˊ 워 치 디앤 이크어 **치쮸앙**.	Wǒ qī diǎn yí kè **qǐchuáng**.
ˇ ˇ ˇ ˋ ˊ ー ˇ ˊ 워 우 디앤 얼쓰 쁜 **치쮸앙**.	Wǒ wǔ diǎn èrshí fēn **qǐchuáng**.
ˇ ー ˇ ˋ ˊ ー ˇ ˊ 워 빠 디앤 쓰으 쁜 **치쮸앙**.	Wǒ bā diǎn sìshí fēn **qǐchuáng**.

단어

起床 qǐchuáng 일어나다 / 半 bàn 반

'起床 qǐchuáng'은 '(잠자리에서) 일어나다'라는 뜻으로, '일어날 기(起)'자와
'침대 상(床)'자가 합쳐져서 '침대에서 일어나다'가 되었습니다.

한 자 중 국 어	중 국 어 로 말 하 기
我7点半起床。	나는 7시 반에 일어난다.
我6点15分起床。	나는 6시 15분에 일어난다.
我7点一刻起床。	나는 7시 15분에 일어난다.
我5点20分起床。	나는 5시 20분에 일어난다.
我8点40分起床。	나는 8시 40분에 일어난다.

단어
分 fēn 분 / 一刻 yí kè 15분

09

나는 중국어를 배워요.
我学汉语。

学 | 배우다

한글중국어	병음중국어
워 쉬에 한위.	Wǒ xué hànyǔ.
워 쉬에 잉위.	Wǒ xué yīngyǔ.
워 쉬에 르위.	Wǒ xué rìyǔ.
워 쉬에 띠앤나오.	Wǒ xué diànnǎo.
워 쉬에 찌슈.	Wǒ xué jìshù.

단어
学 xué 배우다 / 汉语 hànyǔ 중국어 / 英语 yīngyǔ 영어

'学 xué'는 '배우다'라는 뜻으로 '학교(學校)', '학습(學習)'이라고 할 때
'배울 학(學)'자의 간체자입니다.

한자중국어	중국어로 말하기
我学汉语。	나는 중국어를 배워요.
我学英语。	나는 영어를 배워요.
我学日语。	나는 일본어를 배워요.
我学电脑。	나는 컴퓨터를 배워요.
我学技术。	나는 기술을 배워요.

단어
日语 rìyǔ 일본어 / 电脑 diànnǎo 컴퓨터 / 技术 jìshù 기술

10

이 사람은 제 오빠/형입니다.
这是我哥哥。
是 | 이다

한글중국어	병음중국어

쩌 쓰 워 끄어그어.
Zhè shì wǒ gēge.

쩌 쓰 워 지에지에.
Zhè shì wǒ jiějie.

쩌 쓰 워 띠디.
Zhè shì wǒ dìdi.

쩌 쓰 워 메이메이.
Zhè shì wǒ mèimei

쩌 쓰 워 아이런.
Zhè shì wǒ àiren.

단어
是 shì ~이다 / 这 zhè 이, 이것 / 哥哥 gēge 오빠, 형 / 姐姐 jiějie 누나, 언니

'是 shì'는 '~이다'라는 뜻으로 영어의 be 동사와 비슷한 표현입니다.
'A+是+B'의 패턴은 'A는 B이다.'라는 뜻입니다.

한 자 중 국 어	중국어로 말하기
这是我哥哥。	이 사람은 제 오빠/형입니다.
这是我姐姐。	이 사람은 제 언니/누나입니다.
这是我弟弟。	이 사람은 제 남동생입니다.
这是我妹妹。	이 사람은 제 여동생입니다.
这是我爱人。	이 사람은 제 아내/남편입니다.

단어
弟弟 dìdi 남동생 / 妹妹 mèimei 여동생 / 爱人 àiren 남편, 아내

11

저것은 제 책이 아닙니다.
那不是我的书。
不是 | 아니다

한글 중국어	병음 중국어
나 부쓰 워 더 슈.	Nà bú shì wǒ de shū.
나 부쓰 워 더 번즈.	Nà bú shì wǒ de běnzi.
나 부쓰 워 더 비.	Nà bú shì wǒ de bǐ.
나 부쓰 워 더 빠오.	Nà bú shì wǒ de bāo.
나 부쓰 워 더 쇼우찌.	Nà bú shì wǒ de shǒujī.

단어
不 bù 부정부사 *동사나 형용사 앞에 不를 써서 부정을 나타낸다 / 那 nà 그, 저, 그것, 저것

 '是 shì'가 있는 문장의 부정형은 '是 shì' 앞에 '不 bù'를 넣으면 됩니다. 그런데 여기서 주의해야 할 것은 '是'가 4성이기 때문에 '不'를 반드시 2성(bú)으로 발음해야 한다는 것입니다.

한 자 중 국 어	중 국 어 로 말 하 기
那不是我的书。	저것은 제 책이 아닙니다.
那不是我的本子。	저것은 제 노트가 아닙니다.
那不是我的笔。	저것은 제 펜이 아닙니다.
那不是我的包。	저것은 제 가방이 아닙니다.
那不是我的手机。	저것은 제 핸드폰이 아닙니다.

단어

的 de ~의 / 书 shū 책 / 本子 běnzi 노트 / 笔 bǐ 펜 / 包 bāo 가방 / 手机 shǒujī 핸드폰

12

돈 있어요?
你有钱吗？

有 | 있다

| 한 글 중 국 어 | 병 음 중 국 어 |

니 요우 치앤 마?
Nǐ yǒu qián ma?

니 요우 쯔 마?
Nǐ yǒu zhǐ ma?

니 요우 쯔찐 마?
Nǐ yǒu zhǐjīn ma?

니 요우 쯔어 마?
Nǐ yǒu chē ma?

니 요우 쫑띠앤치 마?
Nǐ yǒu chōngdiànqì ma?

단어
有 yǒu 있다, 가지고 있다 / 钱 qián 돈 / 吗 ma 의문을 표시함

'有 yǒu'는 '사람+有+사물'의 패턴을 써서 '누가 ~을 가지고 있다'라는 뜻으로 씁니다.

한자중국어	중국어로 말하기
你有钱吗?	돈 있어요?
你有纸吗?	종이 있어요?
你有纸巾吗?	휴지 있어요?
你有车吗?	차 있어요?
你有充电器吗?	충전기 있어요?

단어
纸 zhǐ 종이 / 纸巾 zhǐjīn 휴지 / 车 chē 차 / 充电器 chōngdiànqì 충전기

13

저 시간 없어요.
我没有时间。

没有 | 없다

한글 중국어	병음 중국어
ˇ ˊ ˇ ˊ ˉ 워 메이요우 쓰찌앤.	Wǒ méiyǒu shíjiān.
ˇ ˊ ˇ ˊ ˊ 워 메이요우 난펑요.	Wǒ méiyǒu nánpéngyou.
ˇ ˊ ˇ ˇ ˊ 워 메이요우 뉘펑요.	Wǒ méiyǒu nǚpéngyou.
ˇ ˊ ˇ ˇ ˊ 워 메이요우 뉘얼.	Wǒ méiyǒu nǚ'ér.
ˇ ˊ ˇ ˊ 워 메이요우 얼즈.	Wǒ méiyǒu érzi.

단어

没有 méiyǒu 없다 / 时间 shíjiān 시간 / 男朋友 nánpéngyou 남자친구

'有 yǒu' 부정형은 '没有 méiyǒu'입니다. '~가 없다'라는 뜻이지요.
부정형이라고 해서 '不有'라고 하지 않으니 주의하세요!

| 한 자 중 국 어 | 중국어로 말하기 |

我没有时间。 저 시간 없어요.

我没有男朋友。 저 남자친구 없어요.

我没有女朋友。 저 여자친구 없어요.

我没有女儿。 저 딸 없어요.

我没有儿子。 저 아들 없어요.

단어
女朋友 nǚpéngyou 여자친구 / 女儿 nǚ'ér 딸 / 儿子 érzi 아들

14 우리 밥 먹자!
我们吃饭吧!

吃 | 먹다

한글중국어 → 병음중국어

워먼 으츠 팬 바!
Wǒmen chī fàn ba!

워먼 으츠 미앤 바!
Wǒmen chī miàn ba!

워먼 으츠 미앤빠오 바!
Wǒmen chī miànbāo ba!

워먼 으츠 러우 바!
Wǒmen chī ròu ba!

워먼 으츠 위 바!
Wǒmen chī yú ba!

단어
吃 chī 먹다 / 饭 fàn 밥 / 吧 ba ~(하)자 / 面 miàn 면, 국수

'吃 chī'는 '먹다'라는 뜻입니다. 먹으려면 입이 필요하겠죠? 그래서 한자 왼쪽에 '입 구(口)'자가 있네요. 또 문장 맨 뒤에 '吧 ba'를 넣으면 '〜하자' 라는 의미입니다.

한자중국어	중국어로 말하기
我们吃饭吧！	우리 밥 먹자!
我们吃面吧！	우리 면 먹자!
我们吃面包吧！	우리 빵 먹자!
我们吃肉吧！	우리 고기 먹자!
我们吃鱼吧！	우리 생선 먹자!

단어
面包 miànbāo 빵 / 肉 ròu 고기 / 鱼 yú 생선

15

나는 김치 안 먹어요.
我不吃辛奇。

不吃 | 안 먹다

한글중국어	병음중국어
워 뿌 츠 신치.	Wǒ bù chī xīqí.
워 뿌 츠 후루오뽀.	Wǒ bù chī húluóbo.
워 뿌 츠 떠우.	Wǒ bù chī dòu.
워 뿌 츠 떠우야.	Wǒ bù chī dòuyá.
워 뿌 츠 뽀차이.	Wǒ bù chī bōcài.

단어

辛奇 xīqí 김치 / 胡萝卜 húluóbo 당근

 '吃 chī'는 '먹다', '안 먹다'는 앞에 '不 bù'를 써서 '不吃 bù chī'라고 하면 됩니다.

한자중국어	중국어로 말하기
我不吃辛奇。	나는 김치 안 먹어요.
我不吃胡萝卜。	나는 당근 안 먹어요.
我不吃豆。	나는 콩 안 먹어요.
我不吃豆芽。	나는 콩나물 안 먹어요.
我不吃菠菜。	나는 시금치 안 먹어요.

단어
豆 dòu 콩 / 豆芽 dòuyá 콩나물 / 菠菜 bōcài 시금치

16

아이가 물을 마셔요.
孩子喝水。

喝 | 마시다

한글중국어	병음중국어
하이즈 흐어 슈이.	Háizi hē shuǐ.
하이즈 흐어 니우나이.	Háizi hē niúnǎi.
하이즈 흐어 구오쯔.	Háizi hē guǒzhī.
하이즈 흐어 쳥쯔.	Háizi hē chéngzhī.
하이즈 흐어 크어르어.	Háizi hē kělè.

단어
喝 hē 마시다 / 孩子 háizi 아이 / 水 shuǐ 물 / 牛奶 niúnǎi 우유

'喝 hē'는 '마시다'라는 뜻의 동사입니다. 마시니까 입이 필요해서 '吃 chī'랑 똑같이 한자 왼쪽에 '입 구(口)'자가 있네요.

한자중국어	중국어로 말하기
孩子喝水。	아이가 물을 마셔요.
孩子喝牛奶。	아이가 우유를 마셔요.
孩子喝果汁。	아이가 주스를 마셔요.
孩子喝橙汁。	아이가 오렌지주스를 마셔요.
孩子喝可乐。	아이가 콜라를 마셔요.

단어
果汁 guǒzhī 주스 / 橙汁 chéngzhī 오렌지주스 / 可乐 kělè 콜라

17 뭘 드릴까요?
你要什么？

要 | 원하다

| 한글중국어 | 병음중국어 |

니 야오 션머?   Nǐ yào shénme?

워 야오 탕.   Wǒ yào táng.

워 야오 티앤디앤.   Wǒ yào tiándiǎn.

워 야오 삥치린.   Wǒ yào bīngqílín.

워 야오 링융치앤.   Wǒ yào língyòngqián.

단어
要 yào 원하다 / 什么 shénme 무엇 / 糖 táng 사탕 / 甜点 tiándiǎn 디저트

'要 yào'는 '원하다, 필요로 하다'라는 뜻입니다. '요구(要求)',
'요청(要請)'이라고 할 때 '요(要)'자를 중국어로는 'yào'라고 발음합니다.

한 자 중 국 어	중 국 어 로 말 하 기
你要什么?	뭘 드릴까요?
我要糖。	사탕 주세요.
我要甜点。	디저트 주세요.
我要冰淇淋。	아이스크림 주세요.
我要零用钱。	용돈 주세요.

단어
冰淇淋 bīngqílín 아이스크림 / 零用钱 língyòngqián 용돈

18 爸爸去哪儿？
아빠 어디 가세요?

去 | 가다

한글중국어	병음중국어
빠바 취 날?	Bàba qù nǎr?
빠바 취 꿍쓰.	Bàba qù gōngsī.
빠바 취 빤꿍쓰.	Bàba qù bàngōngshì.
빠바 취 슈디앤.	Bàba qù shūdiàn.
빠바 취 야오디앤.	Bàba qù yàodiàn.

단어
去 qù 가다 / 哪儿 nǎr 어디 / 公司 gōngsī 회사 / 办公室 bàngōngshì 사무실

'去 qù'는 '가다'라는 뜻의 동사이고, '去' 뒤에 장소를 나타내는 단어를 쓰면
'(장소)에 가다'라는 뜻이 됩니다.

한 자 중 국 어 | 중 국 어 로 말 하 기

爸爸去哪儿? | 아빠 어디 가세요?

爸爸去公司。 | 아빠는 회사에 갑니다.

爸爸去办公室。 | 아빠는 사무실에 갑니다.

爸爸去书店。 | 아빠는 서점에 갑니다.

爸爸去药店。 | 아빠는 약국에 갑니다.

단어
书店 shūdiàn 서점 / 药店 yàodiàn 약국

19 엄마는 마트에 안 가요.
妈妈不去超市。

不去 | 안 가다

한글 중국어	병음 중국어
마마 부 취 챠오쓰.	Māma bú qù chāoshì.
마마 부 취 쓰챵.	Māma bú qù shìchǎng.
마마 부 취 썅디앤.	Māma bú qù shāngdiàn.
마마 부 취 인항.	Māma bú qù yínháng.
마마 부 취 이위앤.	Māma bú qù yīyuàn.

단어
超市 chāoshì 마트 / 市场 shìchǎng 시장

'去 qù'는 '가다'이고, '안 가다'는 앞에 '不 bù'를 쓰면 되는데, 주의해야 할 것은 '去'가 4성이기 때문에 '不'를 반드시 2성(bú)으로 발음해야 한다는 것입니다.

한자중국어	중국어로 말하기
妈妈不去超市。	엄마는 마트에 안 가요.
妈妈不去市场。	엄마는 시장에 안 가요.
妈妈不去商店。	엄마는 상점에 안 가요.
妈妈不去银行。	엄마는 은행에 안 가요.
妈妈不去医院。	엄마는 병원에 안 가요.

단어

商店 shāngdiàn 상점 / 银行 yínháng 은행 / 医院 yīyuàn 병원

20

친구가 한국에 와요.
朋友来韩国。

来 | 오다

한글중국어	병음중국어

펑요 라이 한구오. 　　Péngyou lái Hánguó.

펑요 라이 쫑구오. 　　Péngyou lái Zhōngguó.

펑요 라이 메이구오. 　　Péngyou lái Měiguó.

펑요 라이 셔우얼. 　　Péngyou lái Shǒu'ěr.

펑요 라이 베이찡. 　　Péngyou lái Běijīng.

단어
来 lái 오다 / 韩国 Hánguó 한국 / 中国 Zhōngguó 중국

'来 lái'는 '오다'라는 뜻의 동사입니다. '미래(未來)'라고 할 때
'올 래(來)' 자의 간체자입니다.

한 자 중 국 어	중 국 어 로 말 하 기
朋友来韩国。	친구가 한국에 와요.
朋友来中国。	친구가 중국에 와요.
朋友来美国。	친구가 미국에 와요.
朋友来首尔。	친구가 서울에 와요.
朋友来北京。	친구가 북경에 와요.

단어
美国 Měiguó 미국 / 首尔 Shǒu'ěr 서울 / 北京 Běijīng 베이징

21 언니/누나 집에 있어요.
姐姐在家。

在 + 장소 | 장소에 있다

한글중국어	병음중국어
지에지에 짜이 찌아.	Jiějie zài jiā.
지에지에 짜이 퐝찌앤.	Jiějie zài fángjiān.
지에지에 짜이 쉬에시아오.	Jiějie zài xuéxiào.
지에지에 짜이 찌아오쓰.	Jiějie zài jiàoshì.
지에지에 짜이 투슈구안.	Jiějie zài túshūguǎn.

단어
在 zài ~에 있다 / 家 jiā 집 / 房间 fángjiān 방

'在 zài'는 뒤에 장소를 나타내는 명사가 와서 '(장소)에 있다'라는 뜻으로 쓰입니다.
'현재(現在)', '존재(存在)'라고 할 때 '있을 재(在)'자입니다.

한 자 중 국 어	중 국 어 로 말 하 기
姐姐在家。	언니/누나 집에 있어요.
姐姐在房间。	언니/누나 방에 있어요.
姐姐在学校。	언니/누나 학교에 있어요.
姐姐在教室。	언니/누나 교실에 있어요.
姐姐在图书馆。	언니/누나 도서관에 있어요.

단어
学校 xuéxiào 학교 / 教室 jiàoshì 교실 / 图书馆 túshūguǎn 도서관

22

남동생이 영화를 봐요.
弟弟看电影。

看 | 보다

한글 중국어	병음 중국어
띠디 칸 띠앤잉.	Dìdi kàn diànyǐng.
띠디 칸 띠앤쓰.	Dìdi kàn diànshì.
띠디 칸 시아오슈오.	Dìdi kàn xiǎoshuō.
띠디 칸 잉위슈.	Dìdi kàn yīngyǔshū.
띠디 칸 쓰핀.	Dìdi kàn shìpín.

단어

看 kàn 보다 / 电影 diànyǐng 영화 / 电视 diànshì TV

'看 kàn'은 '보다'라는 뜻이고, '간호(看護)', '간병(看病)'이라고 할 때 '볼 간(看)'자입니다.

한 자 중 국 어	중 국 어 로 말 하 기
弟弟看电影。	남동생이 영화를 봐요.
弟弟看电视。	남동생이 TV를 봐요.
弟弟看小说。	남동생이 소설을 봐요.
弟弟看英语书。	남동생이 영어책을 봐요.
弟弟看视频。	남동생이 동영상을 봐요.

단어
小说 xiǎoshuō 소설 / 英语书 yīngyǔshū 영어책 / 视频 shìpín 동영상

23

여동생이 노래를 들어요.
妹妹听歌。

听 | 듣다

한글중국어	병음중국어
메이메이 팅 끄어.	Mèimei tīng gē.
메이메이 팅 리우싱끄어.	Mèimei tīng liúxínggē.
메이메이 팅 인위에.	Mèimei tīng yīnyuè.
메이메이 팅 구디앤인위에.	Mèimei tīng gǔdiǎn yīnyuè.
메이메이 팅 구앙뽀.	Mèimei tīng guǎngbō.

단어

听 tīng 듣다 / 歌 gē 노래 / 流行歌 liúxínggē 유행가

'听 tīng'은 '듣다' 라는 뜻의 동사이고, '청력(聽力)', '시청자(視聽者)'라고 할 때 '聽(들을 청)'자의 간체자입니다.

한자중국어	중국어로 말하기
妹妹听歌。	여동생이 노래를 들어요.
妹妹听流行歌。	여동생이 유행가를 들어요.
妹妹听音乐。	여동생이 음악을 들어요.
妹妹听古典音乐。	여동생이 고전음악을 들어요.
妹妹听广播。	여동생이 라디오를 들어요.

단어
音乐 yīnyuè 음악 / 古典音乐 gǔdiǎn yīnyuè 고전음악 / 广播 guǎngbō 라디오

24 나는 말을 안 해요.
我不说话。

说 | 말하다

한글중국어	병음중국어
워 뿌 슈오 후아.	Wǒ bù shuō huà.
워 뿌 슈오 하오후아.	Wǒ bù shuō hǎohuà.
워 뿌 슈오 후아이후아.	Wǒ bù shuō huàihuà
워 뿌 슈오 지아후아.	Wǒ bù shuō jiǎhuà.
워 뿌 슈오 마 런 더 후아.	Wǒ bù shuō mà rén de huà.

단어
说 shuō 말하다 / 话 huà 말 / 好话 hǎohuà 좋은 말

'说 shuō'는 '말하다'라는 뜻의 동사이고, '말 안 하다'는 앞에 '不 bù'를 써서 '不说 bù shuō'라고 하면 됩니다.

한자중국어	중국어로 말하기
我不说话。	나는 말을 안 해요.
我不说好话。	나는 좋은 말을 안 해요.
我不说坏话。	나는 나쁜 말을 안 해요.
我不说假话。	나는 거짓말을 안 해요.
我不说骂人的话。	나는 욕하는 말을 안 해요.

단어
坏话 huàihuà 나쁜 말 / 假话 jiǎhuà 거짓말 / 骂人 mà rén 욕하다

25 나는 이름을 써요.
我写名字

쓰 | 쓰다

한글중국어	병음중국어
워 시에 밍즈.	Wǒ xiě míngzi.
워 시에 한쯔.	Wǒ xiě hànzì.
워 시에 하오마.	Wǒ xiě hàomǎ.
워 시에 르치.	Wǒ xiě rìqī.
워 시에 르찌.	Wǒ xiě rìjì.

단어
写 xiě 쓰다 / 名字 míngzi 이름 / 汉字 hànzì 한자

'写 xiě'는 '쓰다'라는 뜻의 동사이고, '묘사(描寫)', '필사(筆寫)'라고 할 때 '베낄 사(寫)'자의 간체자입니다.

한자중국어	중국어로 말하기
我写名字。	나는 이름을 써요.
我写汉字。	나는 한자를 써요.
我写号码。	나는 번호를 써요.
我写日期。	나는 날짜를 써요.
我写日记。	나는 일기를 써요.

단어
号码 hàomǎ 번호 / 日期 rìqī 날짜 / 日记 rìjì 일기

26

그는 요리를 해요.
他做菜。

做 | 하다, 만들다

한글중국어	병음중국어

타 쭈오 차이.   Tā zuò cài.

타 쭈오 윈똥.   Tā zuò yùndòng.

타 쭈오 쭈오애.   Tā zuò zuòyè.

타 쭈오 마오이.   Tā zuò màoyì.

타 쭈오 마이마이.   Tā zuò mǎimai.

단어

做 zuò ~를 하다. 만들다 / 菜 cài 요리 / 运动 yùndòng 운동(하다)

'做 zuò'는 '하다, 만들다'라는 뜻의 동사입니다. '做 zuò'가 4성이기 때문에
'做 zuò' 앞에 부정부사 '不 bù'가 오면 '不'를 반드시 2성으로 고쳐 발음해야 합니다.

한자중국어	중국어로 말하기
他做菜。	그는 요리를 해요.
他做运动。	그는 운동을 해요.
他做作业。	그는 숙제를 해요.
他做贸易。	그는 무역을 해요.
他做买卖。	그는 장사를 해요.

단어
作业 zuòyè 숙제 / 贸易 màoyì 무역 / 买卖 mǎimai 장사, 사업

27

메뉴판 주세요.
给我菜单。

给+A+B | A에게 B를 주다

한 글 중 국 어	병 음 중 국 어
게이 워 차이딴.	Gěi wǒ càidān.
게이 워 삥슈이.	Gěi wǒ bīngshuǐ.
게이 워 쓰찐.	Gěi wǒ shījīn.
게이 워 쿠아이즈.	Gěi wǒ kuàizi.
게이 워 샤오즈.	Gěi wǒ sháozi.

단어
给 gěi 주다 / 菜单 càidān 메뉴판 / 冰水 bīngshuǐ 얼음물

'给 gěi'는 '给+A+B' 패턴을 써서 'A에게 B를 주다'라는 뜻입니다.
영어의 동사 'Give'랑 아주 비슷하지 않나요?

한자중국어	중국어로 말하기
给我菜单。	메뉴판 주세요.
给我冰水。	얼음물 주세요.
给我湿巾。	물티슈 주세요.
给我筷子。	젓가락 주세요.
给我勺子。	숟가락 주세요.

단어

湿巾 shījīn 물티슈 / 筷子 kuàizi 젓가락 / 勺子 sháozi 숟가락

28 아줌마가 물건을 사요.
阿姨买东西。

꾸 | 사다

한글중국어	병음중국어
ˉ ˊ ˇ ˉ 아이 마이 똥시.	Āyí mǎi dōngxi.
ˉ ˊ ˇ ˇ ˇ 아이 마이 쓔이구오.	Āyí mǎi shuǐguǒ.
ˉ ˊ ˇ ˇˋ 아이 마이 리우.	Āyí mǎi lǐwù.
ˉ ˊ ˇ ˉ ˉ 아이 마이 카페이.	Āyí mǎi kāfēi.
ˉ ˊ ˇ ˋ ˉ 아이 마이 딴까오.	Āyí mǎi dàngāo.

단어

买 mǎi 사다 / 阿姨 āyí 아줌마 / 东西 dōngxi 물건 / 水果 shuǐguǒ 과일

'买 mǎi'는 '사다'라는 뜻이고,
'매매(賣買)'라고 할 때 '살 매(買)'자의 간체자입니다

한자중국어	중국어로 말하기
阿姨买东西。	아줌마가 물건을 사요.
阿姨买水果。	아줌마가 과일을 사요.
阿姨买礼物。	아줌마가 선물을 사요.
阿姨买咖啡。	아줌마가 커피를 사요.
阿姨买蛋糕。	아줌마가 케익을 사요.

단어
礼物 lǐwù 선물 / 咖啡 kāfēi 커피 / 蛋糕 dàngāo 케익

29

아저씨가 꽃을 팔아요.
叔叔卖花。

卖 | 팔다

한글중국어	병음중국어
슈슈 마이 후아.	Shūshu mài huā.
슈슈 마이 위미.	Shūshu mài yùmǐ.
슈슈 마이 나이챠.	Shūshu mài nǎichá.
슈슈 마이 탕후루.	Shūshu mài tánghúlu.
슈슈 마이 양러우추알.	Shūshu mài yángròuchuànr.

단어

卖 mài 팔다 / 叔叔 shūshu 아저씨 / 花 huā 꽃 / 玉米 yùmǐ 옥수수

'卖 mài'는 '팔 매(賣)'자의 간체자로 '팔다'라는 뜻의 동사입니다.
'买 mǎi'가 '사다'이니 10을 올려서 팔라는 말인가요? '卖 mài'에 열 십(十)자가 얹혀져 있네요.

한 자 중 국 어	중 국 어 로 말 하 기
叔叔卖花。	아저씨가 꽃을 팔아요.
叔叔卖玉米。	아저씨가 옥수수를 팔아요.
叔叔卖奶茶。	아저씨가 밀크티를 팔아요.
叔叔卖糖葫芦。	아저씨가 탕후루를 팔아요.
叔叔卖羊肉串儿。	아저씨가 양고기꼬치를 팔아요.

단어

奶茶 nǎichá 밀크티 / 糖葫芦 tánghúlu 탕후루 / 羊肉串儿 yángròuchuànr 양고기꼬치

30 우리 비행기 타자!
我们坐飞机吧!
坐 | 타다

한글중국어	병음중국어

워먼 쭈오 啞페이찌 바! — Wǒmen zuò fēijī ba!

워먼 쭈오 츄안 바! — Wǒmen zuò chuán ba!

워먼 쭈오 꿍꿍치쯔어 바! — Wǒmen zuò gōnggòngqìchē ba!

워먼 쭈오 띠티에 바! — Wǒmen zuò dìtiě ba!

워먼 쭈오 후오쯔어 바! — Wǒmen zuò huǒchē ba!

단어
坐 zuò 앉다, 타다 / 飞机 fēijī 비행기 / 船 chuán 배

'坐 zuò'는 '앉다'라는 뜻과 '버스, 지하철, 비행기 등을 타다' 라는 뜻이 있습니다.
다리를 벌려서 타는 말이나 자전거, 오토바이 같은 것은 '骑 qí'를 씁니다.

한 자 중 국 어	중 국 어 로 말 하 기
我们坐飞机吧！	우리 비행기 타자!
我们坐船吧！	우리 배 타자!
我们坐公共汽车吧！	우리 버스 타자!
我们坐地铁吧！	우리 지하철 타자!
我们坐火车吧！	우리 기차 타자!

단어
公共汽车 gōnggòngqìchē 버스 / 地铁 dìtiě 지하철 / 火车 huǒchē 기차

31

우리 야구하자!
我们打棒球吧！
打 | 치다, (구기 종목을) 하다

한글중국어	병음중국어
워먼 다 빵치우 바!	Wǒmen dǎ bàngqiú ba!
워먼 다 란치우 바!	Wǒmen dǎ lánqiú ba!
워먼 다 왕치우 바!	Wǒmen dǎ wǎngqiú ba!
워먼 다 타이치우 바!	Wǒmen dǎ táiqiú ba!
워먼 다 까오얼푸치우 바!	Wǒmen dǎ gāo'ěrfūqiú ba!

단어
打 dǎ 치다, (구기종목을) 하다 / 棒球 bàngqiú 야구 / 篮球 lánqiú 농구

'打 dǎ'는 먼저 손이나 기구를 이용하여 '치다', '때리다'라는 뜻인데 주로 손으로 하는 '구기 종목을 하다'라고 할 때 쓰고, 발로 차는 축구에는 '踢 tī'를 동사로 씁니다.

한자중국어	중국어로 말하기
我们打棒球吧！	우리 야구하자!
我们打篮球吧！	우리 농구하자!
我们打网球吧！	우리 테니스하자!
我们打台球吧！	우리 당구 치자!
我们打高尔夫球吧！	우리 골프 치자!

단어
网球 wǎngqiú 테니스 / 台球 táiqiú 당구 / 高尔夫球 gāo'ěrfūqiú 골프

32

그녀는 옷을 입었어요.
她穿衣服了。

穿 | 입다, 신다

한글중국어	병음중국어
타 츄안 이쭈 러.	Tā chuān yīfu le.
타 츄안 쿠즈 러.	Tā chuān kùzi le.
타 츄안 췬즈 러.	Tā chuān qúnzi le.
타 츄안 쳔샨 러.	Tā chuān chènshān le.
타 츄안 시에 러.	Tā chuān xié le.

단어
穿 chuān 입다, 신다 / 衣服 yīfu 옷 / 了 le 동작의 완료를 나타내는 동태조사

'穿 chuān'은 '옷이나 신발, 양말 등을 입다, 신다' 라는 말입니다. '입었다', '신었다'하고 완료의 말을 하려면 문장 뒤에 '了 le'를 붙여서 '穿了 chuān le'라고 하면 됩니다.

한 자 중 국 어	중 국 어 로 말 하 기

她穿衣服了。 그녀는 옷을 입었어요.

她穿裤子了。 그녀는 바지를 입었어요.

她穿裙子了。 그녀는 치마를 입었어요.

她穿衬衫了。 그녀는 셔츠를 입었어요.

她穿鞋了。 그녀는 신발을 신었어요.

단어
裤子 kùzi 바지 / 裙子 qúnzi 치마 / 衬衫 chènshān 셔츠 / 鞋 xié 신발

33

그는 겉옷을 벗었어요.
他脱大衣了。

脱 | 벗다

한글 중국어	병음 중국어
타 투오 따이 러.	Tā tuō dàyī le.
타 투오 와즈 러.	Tā tuō wàzi le.
타 투오 피시에 러.	Tā tuō píxié le.
타 투오 윈뚱시에 러.	Tā tuō yùndòngxié le.
타 투오 티쉬얀 러.	Tā tuō Txùshān le.

단어

脱 tuō 벗다 / 大衣 dàyī 겉옷 / 袜子 wàzi 양말 / 皮鞋 píxié 구두

'脱 tuō'는 '(옷이나 신발, 양말 등을) 벗다'라는 뜻의 동사입니다.
'벗었다'하고 완료의 말을 하려면 문장 뒤에 '了 le'를 붙여서 '脱了 tuō le'라고 하면 됩니다.

한자중국어	중국어로 말하기
他脱大衣了。	그는 겉옷을 벗었어요.
他脱袜子了。	그는 양말을 벗었어요.
他脱皮鞋了。	그는 구두를 벗었어요.
他脱运动鞋了。	그는 운동화를 벗었어요.
他脱T恤衫了。	그는 티셔츠를 벗었어요.

단어
运动鞋 yùndòngxié 운동화 / T恤衫 T xùshān 티셔츠

34

저 우산 안 가져왔어요.
我没带雨伞。

带 | 지니다, 가지다

한글중국어	병음중국어
워 메이 따이 위싼.	Wǒ méi dài yǔsǎn.
워 메이 따이 치앤빠오.	Wǒ méi dài qiánbāo.
워 메이 따이 시앤찐.	Wǒ méi dài xiànjīn.
워 메이 따이 마오찐.	Wǒ méi dài máojīn.
워 메이 따이 야쑤아.	Wǒ méi dài yáshuā.

단어
带 dài 지니다, 가지다 / 没 méi 부정 부사 *没+동사 동사하지 않았다 / 雨伞 yǔsǎn 우산

'带 dài'는 '(몸에) 지니다', '가지고 오다'라는 뜻의 동사로 '띠 대(帶)'자의 간체자입니다. '가지고 오지 않았다'라는 말을 하려면 동사 앞에 '没'를 붙이고 완료를 나타내는 '了'는 떼어내면 됩니다.

한 자 중 국 어	중 국 어 로 말 하 기
我没带雨伞。	저 우산 안 가져왔어요.
我没带钱包。	저 지갑 안 가져왔어요.
我没带现金。	저 현금 안 가져왔어요.
我没带毛巾。	저 수건 안 가져왔어요.
我没带牙刷。	저 칫솔 안 가져왔어요.

단어
钱包 qiánbāo 지갑 / 现金 xiànjīn 현금 / 毛巾 máojīn 수건 / 牙刷 yáshuā 칫솔

35

저 문자 안 보냈어요.
我没发短信。

发 | 보내다

한글 중국어	병음 중국어
워 메이 파 두안신.	Wǒ méi fā duǎnxìn.
워 메이 파 띠앤요우.	Wǒ méi fā diànyóu.
워 메이 파 웨이신.	Wǒ méi fā wēixìn.
워 메이 파 츄안졘.	Wǒ méi fā chuánzhēn.
워 메이 파 신시.	Wǒ méi fā xìnxī.

단어

发 fā 보내다 / 短信 duǎnxìn 문자 / 电邮 diànyóu 메일

'发 fā'는 '(문자, 메일, 팩스 등을) 보내다'라는 뜻으로, '발전(發展)', '발명(發明)'이라고 할 때 '쏠 발(發)'자의 간체자입니다. '보내지 않았다'라는 말을 하려면 동사 앞에 '没'를 붙이고 뒤에 있는 '了'를 없애면 됩니다.

한자중국어	중국어로 말하기
我没发短信。	저 문자 안 보냈어요.
我没发电邮。	저 메일 안 보냈어요.
我没发微信。	저 위챗 안 보냈어요.
我没发传真。	저 팩스 안 보냈어요.
我没发信息。	저 메시지 안 보냈어요.

단어
微信 wēixìn 위챗 / 传真 chuánzhēn 팩스 / 信息 xìnxī 메시지

36 너 손 씻어!
你洗手吧！

洗 | 씻다

한글중국어	병음중국어

ⅴ ⅴ ⅴ
니 시 셔우 바!

Nǐ xǐ shǒu ba!

ⅴ ⅴ ⅴ
니 시 리앤 바!

Nǐ xǐ liǎn ba!

ⅴ ⅴ ⅴ
니 시 지아오 바!

Nǐ xǐ jiǎo ba!

ⅴ ⅴ ⅴ
니 시 자오 바!

Nǐ xǐ zǎo ba!

ⅴ ⅴ ／
니 시 터우 바!

Nǐ xǐ tóu ba!

단어
洗 xǐ 씻다 / 手 shǒu 손 / 脸 liǎn 얼굴 / 脚 jiǎo 발

'洗 xǐ'는 '씻다'라는 뜻의 동사로, '세수(洗手)', '세탁기(洗濯機)'라고 할 때 '씻을 세(洗)'자입니다.
또 문장 맨 뒤에 '청유, 권유'의 의미를 나타내는 '吧 ba'를 넣으면 '~를 씻어라'라는 의미입니다.

한자중국어	중국어로 말하기
你洗手吧！	너 손 씻어!
你洗脸吧！	너 세수해!
你洗脚吧！	너 발 씻어!
你洗澡吧！	너 샤워해!
你洗头吧！	너 머리 감아!

단어
洗澡 xǐ zǎo 샤워하다 / 洗头 xǐ tóu 머리를 감다

37

저 이어폰 안 가져왔어요.
我没拿耳机。

拿 | 들다. 가지다

한글중국어	병음중국어
워 메이 나 얼찌.	Wǒ méi ná ěrjī.
워 메이 나 신융카.	Wǒ méi ná xìnyòngkǎ.
워 메이 나 션펀졍.	Wǒ méi ná shēnfènzhèng.
워 메이 나 커우짜오.	Wǒ méi ná kǒuzhào.
워 메이 나 셔우타오.	Wǒ méi ná shǒutào.

단어

拿 ná 들다. 가지다 / 耳机 ěrjī 이어폰 / 信用卡 xìnyòngkǎ 신용카드

'拿 ná'는 '들다', '가지다'라는 뜻의 동사입니다. '가져오지 않았다'라는 말을 하려면 동사 앞에 '没'를 붙이고 뒤에 있는 '了'를 없애면 됩니다.

한 자 중 국 어	중 국 어 로 말 하 기
我没拿耳机。	저 이어폰 안 가져왔어요.
我没拿信用卡。	저 신용카드 안 가져왔어요.
我没拿身份证。	저 신분증 안 가져왔어요.
我没拿口罩。	저 마스크 안 가져왔어요.
我没拿手套。	저 장갑 안 가져왔어요.

단어
身份证 shēnfènzhèng 신분증 / 口罩 kǒuzhào 마스크 / 手套 shǒutào 장갑

Chapter 2 | 기초 동사 패턴 **95**

38

나는 안경을 낀다.
我戴眼镜。

戴 | 쓰다, 끼다, 차다

한글중국어	병음중국어
워 따이 앤찡.	Wǒ dài yǎnjing.
워 따이 셔우비아오.	Wǒ dài shǒubiǎo.
워 따이 찌에쯔.	Wǒ dài jièzhi.
워 따이 시앙리앤.	Wǒ dài xiàngliàn.
워 따이 얼후안.	Wǒ dài ěrhuán.

단어
戴 dài 쓰다, 착용하다 / 眼镜 yǎnjing 안경 / 手表 shǒubiǎo 시계

'戴 dài'는 '(안경, 장신구 등을) 착용하다'라는 뜻의 동사로, '모자를 쓰다', '시계를 차다', '반지를 끼다', '목도리를 두르다', '안경을 끼다', '이어폰을 끼다' 등 몸에 착용하는 뜻의 동사로 한국어로 다양하게 해석될 수 있습니다.

한자중국어	중국어로 말하기
我戴眼镜。	나는 안경을 낀다.
我戴手表。	나는 시계를 찬다.
我戴戒指。	나는 반지를 낀다.
我戴项链。	나는 목걸이를 찬다.
我戴耳环。	나는 귀걸이를 낀다.

단어
戒指 jièzhi 반지 / 项链 xiàngliàn 목걸이 / 耳环 ěrhuán 귀걸이

Chapter 3

기초 형용사 패턴

39

태양이 커요.
太阳很大。

大 | 크다

한글중국어	병음중국어
타이양 헌 따.	Tàiyáng hěn dà.
위에리앙 헌 따.	Yuèliang hěn dà.
싱싱 헌 따.	Xīngxing hěn dà.
띠치우 헌 따.	Dìqiú hěn dà.
쓰찌에 헌 따.	Shìjiè hěn dà.

단어

大 dà 크다 / 太阳 tàiyáng 태양, 해 / 很 hěn 매우, 아주 / 月亮 yuèliang 달

'大 dà'는 '대소(大小)', '대형(大型)'이라고 할 때 '클 대(大)'자로 '크다'라는 뜻이고, 이 외에도 '나이가 많다'를 표현할 때도 씁니다.

한자중국어	중국어로 말하기
太阳很大。	태양이 커요.
月亮很大。	달이 커요.
星星很大。	별이 커요.
地球很大。	지구가 커요.
世界很大。	세계가 커요.

단어
星星 xīngxing 별 / 地球 dìqiú 지구 / 世界 shìjiè 세계

40 벌레가 작아요.
虫子很小。

小 | 작다

한글중국어	병음중국어
쫑즈 헌 시아오.	Chóngzi hěn xiǎo.
니아오 헌 시아오.	Niǎo hěn xiǎo.
시아오찌 헌 시아오.	Xiǎojī hěn xiǎo.
시아오거우 헌 시아오.	Xiǎogǒu hěn xiǎo.
시아오마오 헌 시아오.	Xiǎomāo hěn xiǎo.

단어

小 xiǎo 작다 / 虫子 chóngzi 벌레 / 鸟 niǎo 새

'小 xiǎo'는 '소자(小字)', '소형(小型)'이라고 할 때 '작을 소(小)'자로 '작다'라는 뜻이고, 이 외에도 '나이가 어리다'를 표현할 때도 씁니다.

한자중국어	중국어로 말하기
虫子很小。	벌레가 작아요.
鸟很小。	새가 작아요.
小鸡很小。	병아리가 작아요.
小狗很小。	강아지가 작아요.
小猫很小。	고양이가 작아요.

단어
小鸡 xiǎojī 병아리 / 小狗 xiǎogǒu 강아지 / 小猫 xiǎomāo 고양이

41 사람이 아주 많아요.
人非常多。

多 | 많다

한글중국어	병음중국어
런 페이챵 뚜오.	Rén fēicháng duō.
똥우 페이챵 뚜오.	Dòngwù fēicháng duō.
원즈 페이챵 뚜오.	Wénzi fēicháng duō.
마이 페이챵 뚜오.	Mǎyǐ fēicháng duō.
후앙쏭 페이챵 뚜오.	Huángchóng fēicháng duō.

단어

多 duō 많다 / 人 rén 사람 / 非常 fēicháng 매우. 몹시

'多 duō'는 '다소(多少)', '대다수(大多數)'라고 할 때 '많을 다(多)'자로 '많다'라는 뜻입니다.

한자중국어	중국어로 말하기
人非常多。	사람이 아주 많아요.
动物非常多。	동물이 아주 많아요.
蚊子非常多。	모기가 아주 많아요.
蚂蚁非常多。	개미가 아주 많아요.
蝗虫非常多。	메뚜기가 아주 많아요.

단어

动物 dòngwù 동물 / 蚊子 wénzi 모기 / 蚂蚁 mǎyǐ 개미 / 蝗虫 huángchóng 메뚜기

42

돼지가 적지 않아요.
猪不少。

少 | 적다

한글중국어	병음중국어
ˉ ˋ ˇ 쮸 뿌 샤오.	Zhū bù shǎo.
ˊ ˋ ˇ 니우 뿌 샤오.	Niú bù shǎo.
ˇ ˇ ˋ ˇ 라오후 뿌 샤오.	Lǎohǔ bù shǎo.
ˉ ˋ ˇ 으즈 뿌 샤오.	Shīzi bù shǎo.
ˊ ˇ ˋ ˋ ˇ 챵징루 뿌 샤오.	Chángjǐnglù bù shǎo.

단어
少 shǎo 적다 / 猪 zhū 돼지 / 牛 niú 소

'少 shǎo'는 '소량(少量)', '소수(少數)'라고 할 때 '적을 소(少)'자로 '적다'라는 뜻입니다.
'작을 소(小)'와 '적을 소(少)'는 우리말로도 헷갈리는데 중국어도 '小 xiǎo'와 '少 shǎo'의 발음이 비슷합니다. 혀의 위치를 주의하세요!

한 자 중 국 어	중 국 어 로 말 하 기
猪不少。	돼지가 적지 않아요.
牛不少。	소가 적지 않아요.
老虎不少。	호랑이가 적지 않아요.
狮子不少。	사자가 적지 않아요.
长颈鹿不少。	기린이 적지 않아요.

단어
老虎 lǎohǔ 호랑이 / 狮子 shīzi 사자 / 长颈鹿 chángjǐnglù 기린

43

저 허리가 아파요.
我腰疼。

疼 | 아프다

한글중국어	병음중국어
⌄ ˉ ⁄ 워 야오 텅.	Wǒ yāo téng.
⌄ ˋ ⁄ 워 뚜즈 텅.	Wǒ dùzi téng.
⌄ ⌄ ⁄ 워 쌍즈 텅.	Wǒ sǎngzi téng.
⌄ ⌄ ⁄ 워 얜징 텅.	Wǒ yǎnjing téng.
⌄ ˉ ⁄ 워 끄어보 텅.	Wǒ gēbo téng.

단어

疼 téng 아프다 / 腰 yāo 허리 / 肚子 dùzi 배

'疼 téng'은 '아프다'라는 뜻으로, 한자 부수가 '疒'이면 뜻이 질병과 관련이 있습니다.

한자중국어	중국어로 말하기
我腰疼。	저 허리가 아파요.
我肚子疼。	저 배가 아파요.
我嗓子疼。	저 목이 아파요.
我眼睛疼。	저 눈이 아파요.
我胳膊疼。	저 팔이 아파요.

단어
嗓子 sǎngzi 목(구멍) / 眼睛 yǎnjing 눈 / 胳膊 gēbo 팔

44

피자 맛있어요.
比萨很好吃。

好吃 | 맛있다

한글중국어	병음중국어
비싸 헌 하오츠.	Bǐsà hěn hǎochī.
한바오빠오 헌 하오츠.	Hànbǎobāo hěn hǎochī.
쟈찌앙미앤 헌 하오츠.	Zhájiàngmiàn hěn hǎochī.
이따리미앤 헌 하오츠.	Yìdàlìmiàn hěn hǎochī.
후오꾸오 헌 하오츠.	Huǒguō hěn hǎochī.

단어
好吃 hǎochī 맛있다 / 比萨 bǐsà 피자 / 汉堡包 hànbǎobāo 햄버거

'好吃 hǎochī'는 '맛있다'는 뜻이고 '맛없다'는 앞에 '不 bù'를 붙여서 '不好吃 bù hǎochī'라고 하면 됩니다.

한 자 중 국 어	중 국 어 로 말 하 기
比萨很好吃。	피자 맛있어요.
汉堡包很好吃。	햄버거 맛있어요.
炸酱面很好吃。	자장면 맛있어요.
意大利面很好吃。	스파게티 맛있어요.
火锅很好吃。	훠궈 맛있어요.

단어

炸酱面 zhájiàngmiàn 자장면 / 意大利面 yìdàlìmiàn 파스타 / 火锅 huǒguō 훠궈

45

저 목이 길지 않아요.
我脖子不长。

长 | 길다

한글 중국어	병음 중국어
ˇ ˊ ˋ ˊ 워 보즈 뿌 챵.	Wǒ bózi bù cháng.
ˇ ˇ ˋ ˊ 워 투이 뿌 챵.	Wǒ tuǐ bù cháng.
ˇ ˊ ˋ ˊ 워 터우㈎파 뿌 챵.	tóufa bù cháng.
ˇ ˇ ˇ ˋ ˊ 워 셔우쯔 뿌 챵.	Wǒ shǒuzhǐ bù cháng.
ˇ ˇ ˇ ˋ ˊ 워 지아오쯔 뿌 챵.	Wǒ jiǎozhǐ bù cháng.

단어

长 cháng 길다 / 脖子 bózi 목 / 腿 tuǐ 다리 / 头发 tóufa 머리카락

'长 cháng'은 '장시간(長時間)', '장거리(長距離)'라고 할 때 '길 장(長)'자의 간체자이고 '길다'라는 뜻입니다.

한자중국어	중국어로 말하기
我脖子不长。	저 목이 길지 않아요.
我腿不长。	저 다리가 길지 않아요.
我头发不长。	저 머리 길지 않아요.
我手指不长。	저 손가락 길지 않아요.
我脚趾不长。	저 발가락 길지 않아요.

단어

手指 shǒuzhǐ 손가락 / 脚趾 jiǎozhǐ 발가락

46

눈썹이 짧지 않아요.

短 | 짧다

한글중국어	병음중국어
메이마오 뿌 두안.	Méimao bù duǎn.
웨이바 뿌 두안.	Wěiba bù duǎn.
쓰어터우 뿌 두안.	Shétou bù duǎn.
셔우즈지아 뿌 두안.	Shǒuzhǐjia bù duǎn.
지아오쯔지아 뿌 두안.	Jiǎozhǐjia bù duǎn.

단어
短 duǎn 짧다 / 眉毛 méimao 눈썹 / 尾巴 wěiba 꼬리

'短 duǎn'은 '단시간(短時間)', '단거리(短距離)'라고 할 때 '짧을 단(短)'자이고 '짧다'라는 뜻입니다.

한자중국어	중국어로 말하기
眉毛不短。	눈썹이 짧지 않아요.
尾巴不短。	꼬리가 짧지 않아요.
舌头不短。	혀가 짧지 않아요.
手指甲不短。	손톱이 짧지 않아요.
脚趾甲不短。	발톱이 짧지 않아요.

단어

舌头 shétou 혀 / 手指甲 shǒuzhǐjia 손톱 / 脚趾甲 jiǎozhǐjia 발톱

47

공항이 아주 멀어요.
机场非常远。

远 | 멀다

한글 중국어	병음 중국어
ˉ ˇ ˉ ˊ ˇ 찌챵 ㉧페이챵 **위앤**.	Jīchǎng fēicháng **yuǎn**.
ˋ ˉ ˊ ˇ 루 ㉧페이챵 **위앤**.	Lù fēicháng **yuǎn**.
ˋ ˊ ˉ ˊ ˇ 쮜리 ㉧페이챵 **위앤**.	Jùlí fēicháng **yuǎn**.
ˉ ˉ ˉ ˊ ˇ 찌아시앙 ㉧페이챵 **위앤**.	Jiāxiāng fēicháng **yuǎn**.
ˊ ˋ ˉ ˊ ˇ 쳥으스 ㉧페이챵 **위앤**.	Chéngshì fēicháng **yuǎn**.

단어
远 yuǎn 멀다 / 机场 jīchǎng 공항 / 路 lù 길

'远 yuǎn'은 '원근(遠近)', '원거리(遠距離)'라고 할 때 '멀 원(遠)'자의 간체자이고 '멀다'라는 뜻의 형용사입니다.

한자중국어	중국어로 말하기
机场非常远。	공항이 아주 멀어요.
路非常远。	길이 아주 멀어요.
距离非常远。	거리가 아주 멀어요.
家乡非常远。	고향이 아주 멀어요.
城市非常远。	도시가 아주 멀어요.

단어
距离 jùlí 거리 / 家乡 jiāxiāng 고향 / 城市 chéngshì 도시

48

유치원이 별로 가깝지 않아요.
幼儿园不太近。
近 | 가깝다

한글중국어	병음중국어
요우얼위앤 부 타이 찐.	Yòu'éryuán bú tài jìn.
시아오쉬에 부 타이 찐.	Xiǎoxué bú tài jìn.
츄쫑 부 타이 찐.	Chūzhōng bú tài jìn.
까오쫑 부 타이 찐.	Gāozhōng bú tài jìn.
따쉬에 부 타이 찐.	Dàxué bú tài jìn.

단어
近 jìn 가깝다 / 不太~ bú tài 별로~하지 않다 / 幼儿园 yòu'éryuán 유치원

'近 jìn'은 '근래(近來)', '근처(近處)'라고 할 때 '가까울 근(近)'자이고 '가깝다'는 뜻입니다.

한 자 중 국 어	중 국 어 로 말 하 기
幼儿园不太近。	유치원이 별로 가깝지 않아요.
小学不太近。	초등학교가 별로 가깝지 않아요.
初中不太近。	중학교가 별로 가깝지 않아요.
高中不太近。	고등학교가 별로 가깝지 않아요.
大学不太近。	대학교가 별로 가깝지 않아요.

단어
小学 xiǎoxué 초등학교 / 初中 chūzhōng 중학교 / 高中 gāozhōng 고등학교 / 大学 dàxué 대학교

49

유리가 아주 깨끗해요.
玻璃非常干净。

干净 | 깨끗하다

한글중국어	병음중국어
뽀리 쪠이챵 깐찡.	Bōli fēicháng gānjìng.
빼이즈 쪠이챵 깐찡.	Bēizi fēicháng gānjìng.
빼이즈 쪠이챵 깐찡.	Bèizi fēicháng gānjìng.
완 쪠이챵 깐찡.	Wǎn fēicháng gānjìng.
디에즈 쪠이챵 깐찡.	Diézi fēicháng gānjìng.

단어
干净 gānjìng 깨끗하다 / 玻璃 bōli 유리

'干净 gānjìng'은 '깨끗하다'라는 뜻입니다. '마를 건(乾)'자의 간체자인 '干'과 '깨끗할 정(淨)'자의 조합입니다. 화장실은 바닥이 말라야 깨끗하다는 느낌을 준다고 연상해서 외워보세요.

한자중국어	중국어로 말하기
玻璃非常干净。	유리가 아주 깨끗해요.
杯子非常干净。	컵이 아주 깨끗해요.
被子非常干净。	이불이 아주 깨끗해요.
碗非常干净。	그릇이 아주 깨끗해요.
碟子非常干净。	접시가 아주 깨끗해요.

단어
杯子 bēizi 컵 / 被子 bèizi 이불 / 碗 wǎn 그릇 / 碟子 diézi 접시

Chapter 3 | 기초 형용사 패턴 **121**

50 화장실 더럽지 않아요.
洗手间不脏。

脏 | 더럽다

한글중국어	병음중국어
시여우찌앤 뿌 짱.	Xǐshǒujiān bù zāng.
추팡 뿌 짱.	Chúfáng bù zāng.
위쓰 뿌 짱.	Yùshì bù zāng.
양타이 뿌 짱.	Yángtái bù zāng.
크어팅 뿌 짱.	Kètīng bù zāng.

단어
脏 zāng 더럽다 / 洗手间 xǐshǒujiān 화장실 / 厨房 chúfáng 주방

 '脏 zāng'은 '더럽다'라는 뜻인데요, 발음이 '짱'이라서 '짱 더럽다'로 익히시면 어떨까요?

한자중국어	중국어로 말하기
洗手间不脏。	화장실 더럽지 않아요.
厨房不脏。	주방 더럽지 않아요.
浴室不脏。	욕실 더럽지 않아요.
阳台不脏。	베란다 더럽지 않아요.
客厅不脏。	거실 더럽지 않아요.

단어
浴室 yùshì 욕실 / 阳台 yángtái 베란다 / 客厅 kètīng 거실

51

물가가 비싸요.
物价很贵。

贵 | 비싸다

한글중국어	병음중국어
우찌아 헌 꾸이.	Wùjià hěn guì.
꿍위 헌 꾸이.	Gōngyù hěn guì.
슈차이 헌 꾸이.	Shūcài hěn guì.
르용핀 헌 꾸이.	Rìyòngpǐn hěn guì.
요우페이 헌 꾸이.	Yóufèi hěn guì.

단어

贵 guì 비싸다 / 物价 wùjià 물가 / 公寓 gōngyù 아파트 / 蔬菜 shūcài 채소, 야채

'贵 guì'는 '귀중품(貴重品)', '귀빈(貴賓)'이라고 할 때 '귀할 귀(貴)'자로 '비싸다'는 뜻입니다. 귀하니까 비싼가요?

한 자 중 국 어	중 국 어 로 말 하 기
物价很贵。	물가가 비싸요.
公寓很贵。	아파트가 비싸요.
蔬菜很贵。	채소가 비싸요.
日用品很贵。	생활용품이 비싸요.
油费很贵。	기름값이 비싸요.

단어
日用品 rìyòngpǐn 일용품 / 油费 yóufèi 기름값

52 감자가 안 싸요.
土豆不便宜。

便宜 | 싸다

한글중국어	병음중국어
투떠우 뿌 피앤이.	Tǔdòu bù piányi.
홍슈 뿌 피앤이.	Hóngshǔ bù piányi.
양총 뿌 피앤이.	Yángcōng bù piányi.
따수안 뿌 피앤이.	Dàsuàn bù piányi.
라찌아오 뿌 피앤이.	Làjiāo bù piányi.

단어
便宜 piányi 싸다 / 土豆 tǔdòu 감자 / 红薯 hóngshǔ 고구마

'便宜 piányi'는 '싸다'라는 뜻의 형용사입니다. '싸지 않다'는 앞에 '不 bù'를 붙여서
'不便宜 bù piányi'라고 하면 됩니다.

한 자 중 국 어	중 국 어 로 말 하 기
土豆不便宜。	감자가 안 싸요.
红薯不便宜。	고구마가 안 싸요.
洋葱不便宜。	양파가 안 싸요.
大蒜不便宜。	마늘이 안 싸요.
辣椒不便宜。	고추가 안 싸요.

단어
洋葱 yángcōng 양파 / 大蒜 dàsuàn 마늘 / 辣椒 làjiāo 고추

53

체중이 아주 무거워요.
体重非常重。

重 | 무겁다

한글중국어	병음중국어
티쭝 f페이챵 쭝.	Tǐzhòng fēicháng zhòng.
쭝리앙 f페이챵 쭝.	Zhòngliàng fēicháng zhòng.
f페이러우 f페이챵 쭝.	Féiròu fēicháng zhòng.
시구아 f페이챵 쭝.	Xīguā fēicháng zhòng.
뽀루오 f페이챵 쭝.	Bōluó fēicháng zhòng.

단어
重 zhòng 무겁다 / 体重 tǐzhòng 체중 / 重量 zhòngliàng 무게

'重 zhòng'은 '체중(體重)', '중력(重力)'이라고 할 때 '무거울 중(重)'자로 무겁다는 뜻입니다.
무거우니까 성조가 4성 딱! 어울리네요.

한자중국어	중국어로 말하기
体重非常重。	체중이 아주 무거워요.
重量非常重。	무게가 아주 무거워요.
肥肉非常重。	비계가 아주 무거워요.
西瓜非常重。	수박이 아주 무거워요.
菠萝非常重。	파인애플이 아주 무거워요.

단어
肥肉 féiròu 비계, 기름진 고기 / 西瓜 xīguā 수박 / 菠萝 bōluó 파인애플

54 노트북이 별로 가볍지 않아요.
笔记本不太轻。

轻 | 가볍다

한글중국어	병음중국어
ˇ ˇ ˇ ˊ ˋ ˉ 비찌번 부 타이 칭.	Bǐjìběn bú tài qīng.
ˊ ˊ ˋ ˉ 싱리 부 타이 칭.	Xíngli bú tài qīng.
ˉ ˋ ˊ ˋ ˉ 슈꾸이 부 타이 칭.	Shūguì bú tài qīng.
ˉ ˇ ˊ ˋ ˉ 쭈오즈 부 타이 칭.	Zhuōzi bú tài qīng.
ˇ ˊ ˋ ˉ 이즈 부 타이 칭.	Yǐzi bú tài qīng.

단어
轻 qīng 가볍다 / 笔记本 bǐjìběn 노트북 / 行李 xíngli 짐

'轻 qīng'은 '경쾌(輕快)하다', '경솔(輕率)하다'라고 할 때 '가벼울 경(輕)'자의 간체자입니다. 가벼우니까 풍선처럼 붕~ 떠서 성조가 1성인가요?

한 자 중 국 어	중 국 어 로 말 하 기
笔记本不太轻。	노트북이 별로 가볍지 않아요.
行李不太轻。	짐이 별로 가볍지 않아요.
书柜不太轻。	책장이 별로 가볍지 않아요.
桌子不太轻。	책상이 별로 가볍지 않아요.
椅子不太轻。	의자가 별로 가볍지 않아요.

단어
书柜 shūguì 책장 / 桌子 zhuōzi 책상 / 椅子 yǐzi 의자

55

인기가 높아요.
人气很高。

高 | 높다

한글중국어	병음중국어
런치 헌 까오.	Rénqì hěn gāo.
밍셩 헌 까오.	Míngshēng hěn gāo.
셩인 헌 까오.	Shēngyīn hěn gāo.
원뚜 헌 까오.	Wēndù hěn gāo.
끄어즈 헌 까오.	Gèzi hěn gāo.

단어

高 gāo 높다 / 人气 rénqì 인기 / 名声 míngshēng 명성

'高 gāo'는 '높다'라는 뜻으로, '인기가 높다', '온도가 높다' 혹은 '키가 크다'라는 뜻으로도 씁니다.

한자중국어	중국어로 말하기
人气很高。	인기가 높아요.
名声很高。	명성이 높아요.
声音很高。	소리가 높아요.
温度很高。	온도가 높아요.
个子很高。	키가 커요.

단어
声音 shēngyīn 소리 / 温度 wēndù 온도 / 个子 gèzi 키

56

상자가 별로 넓지 않아요.
箱子不太宽。

宽 | 넓다

| 한글중국어 | 병음중국어 |

시앙즈 부 타이 쿠안.   Xiāngzi bú tài kuān.

먼 부 타이 쿠안.   Mén bú tài kuān.

츄앙후 부 타이 쿠안.   Chuānghu bú tài kuān.

츄앙 부 타이 쿠안.   Chuáng bú tài kuān.

샤파 부 타이 쿠안.   Shāfā bú tài kuān.

단어
宽 kuān 넓다 / 箱子 xiāngzi 상자, 박스 / 门 mén 문

'宽 kuān'은 '사람이 관대(寬大)하다'라고 할 때 '너그러울 관(寬)'자의 간체자인데 '넓다'라는 뜻입니다. 관대한 사람은 마음이 넓으니까 '넓다'라는 뜻이겠지요!

한자중국어	중국어로 말하기
箱子不太宽。	상자가 별로 넓지 않아요.
门不太宽。	문이 별로 넓지 않아요.
窗户不太宽。	창문이 별로 넓지 않아요.
床不太宽。	침대가 별로 넓지 않아요.
沙发不太宽。	소파가 별로 넓지 않아요.

단어
窗户 chuānghu 창문 / 床 chuáng 침대 / 沙发 shāfā 소파

57

바다가 비교적 깊어요.
大海比较深。

深 | 깊다

한글중국어	병음중국어
따하이 비찌아오 션.	Dàhǎi bǐjiào shēn.
후 비찌아오 션.	Hú bǐjiào shēn.
찌앙 비찌아오 션.	Jiāng bǐjiào shēn.
징 비찌아오 션.	Jǐng bǐjiào shēn.
앤쓰어 비찌아오 션.	Yánsè bǐjiào shēn.

단어
深 shēn 깊다 / 比较 bǐjiào 비교적 / 大海 dàhǎi 바다 / 湖 hú 호수

'深 shēn'은 '심해(深海)', '심야(深夜)'라고 할 때 '깊을 심'자로 '깊다'라는 뜻인데, '색깔이 짙다'라는 뜻도 있습니다.

한자중국어	중국어로 말하기
大海比较深。	바다가 비교적 깊어요.
湖比较深。	호수가 비교적 깊어요.
江比较深。	강이 비교적 깊어요.
井比较深。	우물이 비교적 깊어요.
颜色比较深。	색깔이 비교적 짙어요.

단어
江 jiāng 강 / 井 jǐng 우물 / 颜色 yánsè 색깔

58

맛이 비교적 달아요.
味道比较甜。

味道 | 맛

한글중국어	병음중국어
웨이따오 비찌아오 티앤.	Wèidao bǐjiào tián.
웨이따오 비찌아오 시앤.	Wèidao bǐjiào xián.
웨이따오 비찌아오 수안.	Wèidao bǐjiào suān.
웨이따오 비찌아오 라.	Wèidao bǐjiào là.
웨이따오 비찌아오 쿠.	Wèidao bǐjiào kǔ.

단어
味道 wèidao 맛 / 甜 tián 달다 / 咸 xián 짜다

'味道 wèidao'는 '맛'이라는 뜻의 명사입니다. '味道' 뒤에 '달다', '짜다' 등 맛을 나타내는 단어를 넣으면 '맛이 어떠하다'라는 뜻이 됩니다.

한자중국어	중국어로 말하기
味道比较甜。	맛이 비교적 달아요.
味道比较咸。	맛이 비교적 짜요.
味道比较酸。	맛이 비교적 시어요.
味道比较辣。	맛이 비교적 매워요.
味道比较苦。	맛이 비교적 써요.

단어
酸 suān 시다 / 辣 là 맵다 / 苦 kǔ 쓰다

59

의사가 조금 바빠요.
医生有点儿忙。

忙 | 바쁘다

한글중국어	병음중국어
이셩 요우디알 망.	Yīshēng yǒudiǎnr máng.
후쓰 요우디알 망.	Hùshi yǒudiǎnr máng.
뤼쓰 요우디알 망.	Lǜshī yǒudiǎnr máng.
징챠 요우디알 망.	Jǐngchá yǒudiǎnr máng.
쭈쓰 요우디알 망.	Chúshī yǒudiǎnr máng.

단어
忙 máng 바쁘다 / 有点儿 yǒudiǎnr 조금, 약간 / 医生 yīshēng 의사

'忙 máng'은 '망중한(忙中閑, 바쁜 가운데 잠깐 얻어 낸 틈)'할 때 '바쁠 망(忙)'으로 '바쁘다'는 뜻입니다. 앞에 '조금'이라는 뜻의 '有点儿 yǒudiǎnr'을 붙여서 '有点儿忙'하면 '조금 바쁘다'라는 말이 됩니다.

한 자 중 국 어 / 중 국 어 로 말 하 기

医生有点儿忙。	의사가 조금 바빠요.
护士有点儿忙。	간호사가 조금 바빠요.
律师有点儿忙。	변호사가 조금 바빠요.
警察有点儿忙。	경찰이 조금 바빠요.
厨师有点儿忙。	요리사가 조금 바빠요.

단어
护士 hùshi 간호사 / 律师 lǜshī 변호사 / 警察 jǐngchá 경찰 / 厨师 chúshī 요리사

60

배우가 좀 잘 생겼어요.
演员有点儿帅。
帅 | 멋있다, 잘 생기다

한글중국어	병음중국어
옌위앤 요우디알 슈아이.	Yǎnyuán yǒudiǎnr shuài.
끄어셔우 요우디알 슈아이.	Gēshǒu yǒudiǎnr shuài.
모트어 요우디알 슈아이.	Mótè yǒudiǎnr shuài.
쭈츠런 요우디알 슈아이.	Zhǔchírén yǒudiǎnr shuài.
윈똥위앤 요우디알 슈아이.	Yùndòngyuán yǒudiǎnr shuài.

단어
帅 shuài 멋있다, 잘 생기다 / 演员 yǎnyuán 배우 / 歌手 gēshǒu 가수

'帅 shuài'는 '멋있다', '잘 생겼다'라는 뜻이고, 앞에 '조금'이라는 뜻의 부사 '有点儿 yǒudiǎnr'을 붙여서 '有点儿帅' 하면 '조금 멋있다/잘 생겼다'라는 말이 됩니다.

한 자 중 국 어	중 국 어 로 말 하 기
演员有点儿帅。	배우가 좀 잘 생겼어요.
歌手有点儿帅。	가수가 좀 잘 생겼어요.
模特有点儿帅。	모델이 좀 잘 생겼어요.
主持人有点儿帅。	MC가 좀 잘 생겼어요.
运动员有点儿帅。	운동선수가 좀 잘 생겼어요.

단어
模特 mótè 모델 / 主持人 zhǔchírén MC, 진행자 / 运动员 yùndòngyuán 운동선수

부록

衣의 食식 住주 필수단어 모음

[衣의] 필수단어

옷

衣服	이푸	yīfu	옷
上衣	썅이	shàngyī	상의
衬衫	쳔샨	chènshān	셔츠
T恤衫	티쉬얀	Txùshān	티셔츠
外套	와이타오	wàitào	외투
夹克	지아크어	jiākè	재킷
大衣	따이	dàyī	코트
羽绒服	위롱푸	yǔróngfú	패딩
裤子	쿠즈	kùzi	바지
牛仔裤	니우자이쿠	niúzǎikù	청바지
裙子	췬즈	qúnzi	치마
连衣裙	리앤이췬	liányīqún	원피스
韩服	한푸	hánfú	한복
旗袍	치파오	qípáo	치파오

领带	링따이	lǐngdài	넥타이
围巾	웨이찐	wéijīn	목도리
帽子	마오즈	màozi	모자
手套	쎠우타오	shǒutào	장갑
内衣	네이이	nèiyī	속옷
胸罩	시웅짜오	xiōngzhào	브래지어
内裤	네이쿠	nèikù	팬티
睡衣	쓔이이	shuìyī	잠옷
西装	시쭈앙	xīzhuāng	양복
运动服	윈똥푸	yùndòngfú	운동복
泳衣	용이	yǒngyī	수영복
袜子	와즈	wàzi	양말
长丝袜	챵쓰와	chángsīwà	스타킹

신발

鞋	시에	xié	신발
拖鞋	투오시에	tuōxié	슬리퍼
凉鞋	리앙시에	liángxié	샌들
运动鞋	윈똥시에	yùndòngxié	운동화
皮鞋	피시에	píxié	구두
高跟鞋	까오껀시에	gāogēnxié	하이힐
靴子	쉬에즈	xuēzi	부츠
雨靴	위쉬에	yǔxuē	장화

[食식] 필수단어

먹을 것1

饭	판	fàn	밥
菜	차이	cài	요리
粥	쩌우	zhōu	죽
汤	탕	tāng	국. 탕. 찌게

面	미앤	miàn	면
米饭	미판	mǐfàn	쌀밥
炒饭	챠오판	chǎofàn	볶음밥
方便面	빵삐앤미앤	fāngbiànmiàn	라면. 사발면
炸酱面	쨔찌앙미앤	zhájiàngmiàn	자장면
冷面	렁미앤	lěngmiàn	냉면
馒头	만터우	mántou	(소가 없는) 찐빵
包子	빠오즈	bāozi	만두
小笼包	시아오롱빠오	xiǎolóngbāo	만두
饺子	지아오즈	jiǎozi	교자만두
面包	미앤빠오	miànbāo	빵
点心	디앤신	diǎnxin	딤섬
蛋糕	딴까오	dàngāo	케이크
零食	링스	língshí	군것질. 주전부리

小吃	시아오츠	xiǎochī	간식. 군것질
糖	탕	táng	사탕. 설탕
口香糖	커우시앙탕	kǒuxiāngtáng	껌
巧克力	치아오크어리	qiǎokèlì	초콜릿
饼干	빙 깐	bǐnggān	비스켓
薯片	슈피앤	shǔpiàn	감자칩
年糕	니앤까오	niángāo	떡